꽃과 숟가락

김효연
2006년 『시와 반시』를 통해 시인으로 등단했다.
시집 『구름의 진보적 성향』 『무서운 이순 씨』 『꽃과 숟가락』을 썼다.

파란시선 0167 꽃과 숟가락

1판 1쇄 펴낸날 2025년 10월 30일
지은이 김효연
인쇄인 ㈜두경 정지오
디자인 이다경
펴낸이 채상우
펴낸곳 ㈜함께하는출판그룹파란
등록번호 제2015-000068호
등록일자 2015년 9월 15일
주소 (10387) 경기도 고양시 일산서구 중앙로 1455 대우시티프라자 B1 202-1호
전화 031-919-4288
팩스 031-919-4287
모바일팩스 0504-441-3439
이메일 bookparan2015@hanmail.net

ⓒ김효연, 2025, printed in Seoul, Korea

ISBN 979-11-94799-15-3 03810

값 12,000원

*이 책 내용의 전부 또는 일부를 재사용하려면 반드시 저작권자와 ㈜함께하는출판그룹파란 양측의 동의를 받아야 합니다.
*잘못된 책은 바꾸어 드립니다.
*지은이와의 협의 하에 인지는 생략합니다.
*이 책은 2025년 부산광역시, 부산문화재단 <부산문화예술지원사업>으로 지원을 받았습니다.

꽃과 숟가락

김효연 시집

시인의 말

비 오는 경주

초록 보를 두른 무덤들
꿈틀대는 저 죽음들은 전갈처럼 불친절하고

능과 능 사이
경계를 지우는 푸른 안개

삶이든 죽음이든 먼저 하는 것은
앞서가는 것이다

차례

시인의 말

제1부
꽃과 숟가락 – 11
소주병 – 12
애벌레가 두 번째 – 14
돌고레스 엔카르나시온 델 산티시모 사크라멘토 에스투피냔
　오타발로 야화 – 16
뒤끝 – 18
나무랄 데 없는 – 20
지역 뉴스 – 22
관계의 예의 – 24
잔인한 위로 – 26
비활성 폭탄 – 28
간극 – 30
보사노바 혹 카사노바 – 32
가시 돋친 봄 – 34
동상이몽 – 36
비타500 – 38

제2부
동생이 나타났다 – 41
오른손의 가수면 – 44
모텔 수도원 감옥 – 46
나의 미성년 – 48
위대한 요플레 – 50

이전의 세계 – 52
우리의 북두칠성 – 54
메토이소노 – 56
압생트 – 58
출처 – 60
쿡, 쿡쿡 – 62
용봉탕 – 64
수국입니다 – 65
축, 합격 – 66

제3부
종편 – 69
그들의 독서 – 70
날아라 바퀴 – 72
상냥한 월말 – 74
비등점에 서다 – 76
도배 J – 78
날뛰는 마법 주머니 – 80
피노키오를 낳았어 – 82
나는 가정합니다 – 84
상투를 올리자 – 86
알리바이 연인 – 88
안 씨 할머니 – 90
삿뽀르 참치식당 말인가 – 92
이 모든 것은 금붕어 – 94
꼬리 보호구역 – 96

제4부
북어 사람 – 101
배틀 – 102
불안한 추천 – 104
닭발 – 106
아담과 루루 – 108
가정통신문 – 110
강남은 따뜻한가요 – 112
크라우드 펀딩 – 114
이쑤시개가 슬프지 않다 – 116
사이다 – 118
흑백 한식(寒食) – 120
2017년 5월 8일 – 122
미쳐야 미친다 – 124
우리의 증거 – 126
happy new year – 128

해설
구모룡 냉소와 명랑한 슬픔 – 130

제1부

꽃과 숟가락

 주먹만 한 저건 강렬(剛烈)한 주먹이 아니다. 주먹은 순간에 활짝 필 수 있다. 빨강 노랑 강렬(强烈)하게 오므리고 있는 저건 입이 아니다. 입이 벌어지면 금방이다. 밤새 말을 긷느라 입안이 다 헐어 거무튀튀 떨어진 입술은 튤립이 아니다. 주먹을 펴거나 입이 벌어질 때는 노래일까 울음일까. 숟가락만 한 저건 입이다. 목젖이 닳도록 꿀을 짜낸다. 입과 숟가락은 연인이다. 오슬오슬 조마조마 다투어 피어나는 새포름한 입, 잎들

소주병

날 증언대에 세워 다오. 제발. 이건 양심 고백이다. 난 그동안 당신들의 면발 같은 넋두리와 비 맞은 속옷 같은 외로움을 덥혔다. 내 전부를 쏟아 힘이 되었지만 지금 내겐 아무도 없다. 잡아 줄 손가락은커녕 도로 멸시받고 있는 중이다. 이제 다 털어야겠다. 그가 어떻게 동반자로 움켜쥐던 나를 버리고 염천에도 시려 죽겠다는 듯 콩벌레처럼 몸을 말았는지, 벌그스름 허물 벗으며 형태를 지워 가면서도 귀만은 문 쪽으로 가고 있었는지를…… 그와 함께 지내다 보니 인간의 속성이 참 기이하고 당혹스럽다. 사진 가운데 있는 그는 얼룩무늬 셔츠가 잘 어울리는 단단한 모습이다. 한땐 광장으로 거침없이 공을 날리며 웃고 떠들었을 테다. 와이파이처럼 생활을 나누던 사람들은 다 어딜 갔을까. 넘치던 인정과 진심은 꾸고 갚아야 하는 것인가. 밥 먹었냔 인사는 어디서 드리고 있는지 앵무새를 불러야 한다. 마지막 그 고요를 떠올리면 지금도 진저리 쳐진다. 거미줄 엉키는 소리 그때 들었다. 거미 한 마리가 스윽 내려오는 걸 보고 허둥지둥 불렀는데 못 본 척 슬쩍 가 버렸지. 구석에 처박혀 있다 눈 떠 보니 쓰레기통이다. 남김없이 다 빼먹고는 아무 쓸모 없다는 듯, 누구도 내게 교양인 양 아무것도 묻지 않았다. 나야말로 사람 없인 못 산다. 시끌벅적한 선술집으로 가야 한다.

쌍욕과 삿대질이 귀를 들쑤시는 그곳. 한 인간과 빈방에서 지내는 건 죽기보다 싫다.

애벌레가 두 번째

―
조팝인지 이팝인지
항문을 찢고 나왔는지 옆구릴 뚫고 나왔는지
팝콘일지도 모르겠어

두 개가 쌍둥인지 쌍둥이 두 갠지
한날한시에 나와도 다르다는데
같은 곡조가 두 마리라면
세례명이나 불명이나

뒤척이는 잠 중에
어김없이 날갯짓하는 제왕얼룩나비를
잡아 보겠다고 발을 휘두르는

글이 자라 공작이 되고
공작이 커서 나무가 된다면
그런 나무 있다면

천지사방 글자는 숲을 먹어 치우는데
책이 얼마나 자랐나 줄자로 재 보는
―

두 번째라니

돌고레스 엔카르나시온 델 산티시모 사크라멘토 에스투피냔 오타발로 야화

 1989년, 돌고레스 엔카르나시온 델 산티시모 사크라멘토 에스투피냔 오타발로는 태어났지. 작가는 이름을 지으면서 긴 강을 흐르고 또 떠돌며 더 붙이고 싶은 게 많았겠지. 그 뜻은 모르겠지만 밀림엔 빛나고 사랑스런 게 너무 많았으니까. 어린 나이에 동네 총각과 눈이 맞아 결혼을 했지. 신랑은 돌고레스 엔카르나시온 델 산티시모 사크라멘토 에스투피냔 오타발로를 한 자도 빼먹거나 틀리지 않고 날마다 불렀는데 그럴 때마다 나무늘보가 눈을 뜨고 밀화랑새가 먼저 조잘댔지. 계속 부르면 순대 아니 보아뱀 아닌 아마존강이 펼쳐졌고 이름 때문에 키스를 놓치거나 샛별을 가리지도 않았지. 내 이름을 서른 번 부르는 것과 같아. 열 번을 넘기도 전에 담배 연기가 질식하고 급한 목젖이 튀어나와 나는 두통으로 쓰러지겠지. 주방 세제는 부글부글 개수대를 넘어가겠지. 그녀는 맨몸으로 거친 땅을 개척해 감자와 옥수수를 얻어 고함원숭이까지 나눠 주며 숲에서 평화로웠지. 차도 택배도 케이크도 없이 다 좋았지. 다만 불임이었지. 그 때문에 남편의 사랑이 식진 않았지만 먼저 죽고 말았지. 그 아버진 무슨 억하심정으로 회임은커녕 일찍 다른 세상으로 보내 버렸을까. 거기는 정글을 자르고 토막 내서 구름이 피를 쏟지 않겠지. 분홍돌고래가 뜨거운 탕에서 익지 않고 카누가 매끄럽게 강 위를 지나고 있을까. 돌고레스 엔카르나시온 델 산티시모 사크라멘토 에스투피냔 오타발로는 녹색 아나콘다 얼룩무늬 전갈 골리아투스대왕꽃무지 시계꽃 카푸친 새가 어우러지는 그곳에 묻혔지. 어떤 소설에서 이리 강물 같은 이름이 있을까 몰라. 급하고 답답해서 끊어 부르면 아마존에서 달려와 새로운 산소를 소개하겠지. 돌고레스 엔카르나시온 델 산티시모 사크라멘토 에스투피냔 오타발로에게 아기가 태어나 종이 기저귀와 물티슈를 보내면 모셔 놓고 골똘하다 얼굴을 쓰다듬을까. 버릴 곳 없어 밤새 울까. 겨를 없이 가 버렸지.

뒤끝

벚꽃 진 강변
꽃 이름만 펼쳐도 평생 덮고도 남겠어
하여 질 때의 서러움은 고작,
이네

어떤 약속을 소원하면 뿌려 주고 만들어도 주잖아

채찍비가 몰아치는 산길을 가네
비는 할퀴고 휘갈기며
다시는 안 볼 것처럼 마구 두들기네
좋겠다 제 속성을 넘어
멋대로 살아도 누구랑 헤어지는 일은 없겠네
결코

사람도 피고 지고 내렸다 그치고
왔다가 가서 다시 온다면
얼마나 부끄럽고 새로운 거짓말을 하게 될까

두 번 다시 오지 않는 것으로
간절함을 목매게 하는 것이

사람만큼 뒤끝 있는 것이
없네

나무랄 데 없는

一
사계절은 꽃다발입니까
돌림으로 나무랄 데 없을까요
봄여름가을겨울은 둥글게 허리를 껴안고 잘 묶여 있습니다
사는 생각만큼 깁니다
사는 게 긴 것처럼
점점 길어진다면 뱃살 혓바닥도 묶어 주세요
머리를 총총 땋은 봄은 언제나 혼자입니다
계절이 수천 바퀴 돌아도
천지사방에 다발다발 꽃은 부려 놓고
홀로 뭘 바라보겠다는 것인지요
위태롭진 않더라도 베개 한 개는 독방이잖아요
어쨌거나 그림자라도 두 개라면
배고픈 장바구닌지
열 개도 모자라서 외로운 손가락인지
절대 혼자 두지 않겠다는 맹세입니다
봄보다 봄봄
쌍보다 쌍쌍
노부부가 넘어질세라 앙상한 손을 맞잡고 걸어갑니다
두 손은 엉덩이를 싸안고 두 팔은 목을 껴안은 청춘
二
뒤에 꼬리 두 개도 앞서거니 뒤서거니

오늘도 계산대 위에는 과자며 우유 절대 떨어지지 않을
묶음이 수북합니다

지역 뉴스

一   유채꽃 축제가 벌어지는 공원에선 손가락이 찰칵 브이가 찰칵 꽃 무더기 사람 무더기

   큰길 옆에서 우렁차고 확신 담긴 투쟁가
   '죽을 수는 있어도 비워 줄 수는 없다'는 붉은 글씨

   부엌칼 가위 아님 짜장면 같은 걸쭉한 입만 가진 사람들
   저 거대한 철벽을 어떻게 베고 자를 수 있어 허접한 사생활 다 까발리며 독 올라 대들고 있는지

   이제 저들은 평범한 주민이 아니고 축제 함께할 이웃도 아니다 이념이나 구호만큼 단단해지려 웃음 모두 삼켜 버렸다 아무리 핏대 올려도 보잘것없는 가게들 결국 텅텅 지워지고 말 텐데

   봐, 고개 올려 쳐다봐 높이 볼수록 뭐 죽는 게 별거라고

   국밥집 아주머니와 미장원 이모 치킨집 삼촌이 달려들어 내 머리카락을 쥐어뜯는다 해도 결코 별것은 아니야 그런
二 죽음은 그냥 흔해서 귀하지도 않으니까 순간 허공에 걸린

현수막이 달려와 따귀를 철썩

  보잘것없는 것들이 뭉치면 확성기가 되고 투쟁 조끼가 되어 주머니마다 신념이 담긴다

  행상 트럭 위 오렌지 사과도 일렬횡대 한 치 흐트러짐 없다

관계의 예의

사는 건 한 번뿐인데 국경은 왜 이리 많을까.

가위가 백합으로 피어나기를 철 대문에 공손히 물을 주며

베트남 고향 마을에서 오토바이로 30분이면 캄보디아로 갈 수 있다. 그녀는 친구들과 손쉽게 경계를 넘어 다녔대. 카지노가 많이 있는 남의 동네를 긴 생머리들이 신나게 돌아다닐 수 있었던 건 국경수비대 장교를 아는 오빠로 둔 덕분이었대. 카지노에서 얼마를 잃고 땄는지보다 아는 오빠가 더 궁금해. 아니 아는 오빠보다 국경을 넘나들던 오토바이 감정이 더욱 궁금해. 어쩌다 발랄하고 어린 신부는 지긋하고 또 지긋한 오빠를 만나 또 다른 국경을 타고 왔대. 한겨울에 슬리퍼를 신고 왔대. 시든 망고는커녕 꽃병도 없는 오빠는 술병에다 아무렇게나 꽂아 놓고 밤마다 흔들었대. 가위는 기분에 따라 긴 머릴 자를 수도 치마를 자를 수도 있대. 날마다 엎지르는 눈물 때문에 집 안에 곰팡이가 핀다고 알몸을 햇볕에 널었대. 창문은 항상 어둡고 국적을 잃은 입은 떠내려갔대. *"오빠, 나를 존중해 주세요. 나는 행복하고 싶어요"* 라고 소리치는 몸짓은 엉킨 실타래로 쓰레기통에 집어 던져졌대. 야자수를 찾아 두 번 문밖으로 나갔다가 아픈

오빠를 위해 돌아왔대. 그리고 빨리 시들고 싶었대.

그녀를 만났는데 기미가 잔뜩 끼었데.
자전거를 타고 고깃집에 설거지 알바 가데.
살짝 부른 배를 보여 주며 커다란 눈이 촉촉해진 것 같고
입꼬리가 살포시 올라간 것 같기도.

잔인한 위로

一 그들의 거절은 십 초도 안 걸렸고
한 사람의 신상을 기록하는 데는 여러 사람이 걸렸다

담당자는 잠깐 갸웃하다 단무지 같은 이름을 서류
빈칸에 노랗게 넣었다

무연고자 추도식 빈소에는
길바닥에서 태어난 그녀가 처음이자 마지막으로
편안히 누워 젊은 스님의 축원 듣고 있다
중간중간 투명하고 경쾌한 목탁 소리

얼마나 신나고 간질간질할까
오직 자신만을 위해 빌어 주는 저 목소리만 기억하라는 듯
주변 나무들이 잡음 다 먹어 치운 듯

한결같았겠다
이십여 년 주사와 알록달록 화분에 심고 싶던 알약들
이젠 바늘 미워하지 않아도 되겠다
풍선보다 높이 떠서 구름 치마도 입어 보고
二 댕기물떼새 등에 올라 그리스 아프리카 어디든 가겠다

23세는 피었다가 지는 나인가

세상 널린 게 이름인데 그걸 하나 줍지 못하고
훔치거나 빼앗지도 못했으면서

살았건 죽었건 뭔 대순가

비활성 폭탄

도깨비 장마 홍길동 장마라는 새로운 이름들이 생겨났어요
그러니 물맛보다는 새우깡 맛이 나네요

그들은 전국을 돌며 무차별 퍼붓는데
우릴 극한으로 몰아붙이지도 않을 거예요

조례 시간에 방귀가 나와
책으로 교탁을 탁 내리치며 **조용히 해** 소리치고
해소한 그를 별 고민 없이 사귀자
방귀의 원리를 심각하게 설명하던 이는 지금도
선택의 오류라며 징징대네요

의외로 정치인들이 희한한 유머를 잘해 슬쩍 호감이 갈 때가 있죠

한 너구리 의원이 라쿤 의원을 향해
'*존재 자체가 국가적 재난*'이라며 밀어붙였는데요

너무 웃어 사레까지 들다가 갑자기 얼음물을 뒤집어쓴 듯
입술이 파르르 떨리는 거예요

그건 바로 폭·탄 아닌가요
그럼 우린 어떻게 대비를 해야 하는 건가요

라디오를 들을 때나 티브이 볼 때나 그 존재가 나와
아, 아, 어어, 어
나도 모르게 온몸에서 경보가 울리지 뭐예요

장마는 끝이 보이고
국가적 재난들은 서로에게 떠넘기면서 계속 이어질 거라
불안하고 염려할 일은 딱히 터지지 않겠네요

우리 자긴 이런 방귀가 젤 무섭데요
뱃속에 눌러 숨겨 두거나 남에게 슥 줘 버리는
그래서 내가 뀐 것도 자기 거라 우길 때
멍청하게 웃다가 등짝을 후려치며 마구 욕을 해 댔다니까요

간극

一   여자는 운다
　쌀을 씻다 밥을 푸다 설거지하다 마루를 닦다 오줌을 누다 커피를 마시다 책을 읽다 사과를 깎다 약을 챙기다 체중계를 보다 날짜를 세다
　운다
　전화를 받으면서 빨래를 널면서 하늘을 쳐다보면서 머리를 빗으면서 무를 썰면서 세탁소에 양복을 맡기면서 일기를 쓰면서

　또 운다
　일어나다가 라디오를 듣다가 모자를 고르다가 구두를 신다가 장바구니를 끌다가 소주를 마시다가 운동기구를 만지다가 이발소를 지나다가

　마구 운다
　부엌에서 뒷골목에서 지하노래방에서 기차 레일에서 무덤가에서 폭포 아래서 운동장에서 우산 속에서

　울면서
二　면도해 주고 머리 감겨 주고 등과 사타구니 닦아 주고 로션

발라 주고 발톱 깎아 주고 생선 발라 주고 내의 갈아입히고
오줌통 씻고 약 먹이고 구토 치우고 애증을 찢어 버리고

  동서남북
  종횡무진
  이판사판

  웃는다

보사노바 혹 카사노바

―

이 둘에 관심이 있다면 당신은 내 편력
두 시간 후에 난 히피펌을 하고 리듬을 탈 거예요

보사노바와 카사노바는 고종사촌 간일까요
연인 간일까요
혀에 착착 감기는 걸 보면 둘은 분명 친해요
카사노바는 보사노바를 사귄 적 없다는데
우린 그들을 너무 잘 알죠

나와 당신과 식성이 같다면 브라질리아
당신이 내 자유를 즐긴다면 베네치아

손가락이 길쭉한 레스토랑 지배인은 티본 스테이크보다
보사노바 주문받길 끊임없이 원했죠
입술이 도톰한 그녀가 매너 교육보다 카사노바에 매달리는
것처럼

둘은 매일 보면서 만난 적이 없다는 걸 우린 믿어요
당신과 내가 누군지도 모르는 것처럼

―

그녀가 이파네마 해변으로 휴가를 떠난다면
서두르세요 보사노바를
들고 비키니 어깨끈이 흘러내리는 그곳에서
파도의 거친 근육과 수많은 서로를 만나며
서쪽 하늘은 또 트럼펫을 연주할 거예요

인생은 보사노바
혹 카사노바

이 둘을 원한다면
낯선 우리도 공항을 출발해요

가시 돋친 봄

一   나는 어둠에 닫혔다

　　백 년 동안의 고독을 열어 지독한 봄볕을 막아야 한다

　　부추기는 신발을 말려 탈출구가 터지지 않게 묶고

　　눈과 눈에서 안개를 흘리며 의심을 골라낼 때

　　입술을 떼 버린 연인과 어떤 기도는 십자가를 숨긴다

　　마스크가 퍼져 가는 곳마다 새로운 독풀이 생기고

　　꽃이 고열에 뒤틀리며 날개가 떨어지고 달팽이도 걸음을 멈춘 시간이다

　　연두 비와 식탁 오래된 엄마를 감염시키고

　　중세 시대를 다시 펼치는 저녁이 쓸쓸하고 길어질 때

二   손바닥선인장은 낡은 대문 위에서 극도의 가시를 지키고

있다

저는 죄인입니까!

***백 년 동안의 고독**: 가브리엘 가르시아 마르케스의 소설 제목.

동상이몽

밤새 지옥을 다녀왔다는 노인이
문턱을 헛디디며 넋이 반쯤 나가

내 돈 내주소 그기 어떤 돈인데
심장이 벌렁거리고 입천장이 바싹 타는 기
잠 한숨도 몬 자고 눈알이 빠질라카요
한 몇십억 넣어 두고 수백 정도 떼이는 건 갠찮소

어르신 저희 금고는 끄떡없고 안전합니다
정부 높은 분이 원금과 이자 다 보장되니 걱정 말라고

그걸 어떻게 믿으라고 높은 놈들이 하는 말은 절대 못 믿소
저렇게 방송에 떠드는 기 더 수상하요

그럼 누굴 믿나
저 무거운 동전을 분류하고 종일 지폐를 세는 직원들을
믿으라고

아, 금고가 참 밉다 너무 원망시럽다

정기예금 해약을 하며 탄식조로 내뱉는 저 말이 고작인데
어떤 불신은 그토록 매몰차다

계단은 구름을 향해 있고 안달 난 의자를 들고 높이
오르는 게 아무나 할 일인가
마을금고에 심장까지 같이 넣어 둔 우리는
위에 있는 분을 그저 의지하며 따라야 한다

태풍이 지나고 나면

어찌 됐건 무사할 건 무사하고 안일은 안일하다

금융은 서비스는 제공하지만 돌봄까진 곤란하다고
드러내놓진 않았는데

윗분들이 돌봄까지 하기엔 비위가 너무 약하고
단시간에 인격을 날조하기도 그리 쉽지 않다는 걸

비타500

페널티킥을 일부러 보지 않는 사람이 있다. 차라리 골키퍼를 보지 않는 게 더 경제적이지 않나. 나는 뱀이 나오는 장면은 일부러 절대 보지 않는다. 가방이나 허리띠를 보는 게 더 효율적이지 않나. 페널티킥과 뱀은 도대체 뭔 상관이란 말인가. 나와 그가 생면부지이듯. 골키퍼가 확신으로 몸을 날릴 때 뱀은 스스스 자기 길을 간다. 병 치료를 일부러 안 하는 사람이 있다. 병원에선 비경제적이지 않나. 나는 탄산음료는 정말 일부러 마시지 않는다. 치료와 음료는 어쩐지 같은 구역 같고. 내가 잘 모르는 그 사람 사정을 옆 사람에게 듣는 것처럼. 중병으로 살림이 허물어지고 숟가락을 밀어내는 입과 씨름할 때도 어떤 곳에선 매장이 문 열기를 새벽부터 기다리는 길고 긴 줄이 있다.

처음 보는 그의 갓 제대한 아들이 비타500을 감싸안고 인사차 직장으로 찾아왔다.

나는 비타민C 과잉 섭취로 구멍마다 복수초가
피어 함부로 손수건을 꺼낼 수도 없었다.

뚜껑을 따면 경품이 나오는 행사 기간이었다.

제2부

동생이 나타났다

밀양역에서 여동생이 나타났다

까무잡잡한 얼굴에 노랗게 물들인 긴 생머리를 질끈 묶어
낡은 트렁크 두 개가 먼저 들들 굴러오고
짧은 치마는 뒤에서 발랄하게 걸어온다

천 가방 서너 개가 손잡이에 매달려
까불까불 열차 통로로 들어올 때
단칸방 한 살림이 오는 줄 알았다

내 옆자리에 털썩,
시큼쿰쿰 하다못해 비릿한 이 풋내는

대뜸 "언니이 애뻐요오"
졸지에 주름살 언니 귀가 달아오른다
이십여 년 전
앙코르와트에서 기념품을 든 맨발의 소녀가
졸졸 따라오며
"언니, 언니 예쁘다" 발음도 정확하던
밥 같은 그 말이 여태 살아서

여기까지 데려오다니

석 달 동안 비닐하우스에서 깻잎만 따다가
눈에서 코에서 들깨 순이 파릇 돋아나
깻잎 이불은 다정하지 않고 이슬만 매달아
새 일자리 찾아가는 캄보디아 처녀

분홍 매니큐어가 벗겨진 손톱 군데군데
초록이 번져 어느 별나라에서 온 듯

"어디로 가?"
"수원 친구 있어. 나 근로자."

근로자란 말끝에 매달린 심정이 언어 장벽만큼 아슬하다

지쳐 고단해 보이는 가방들만 없었다면
관광 온 듯 밝고 명랑한 저 목소리

딸보다 어려 보이는
그녀 손바닥에 내 손을 포개면

금방 퍼런 물이 스밀 것 같은

싱그럽다가 알싸하다가

내 어깨에 기대 점점
가슴으로 왼쪽 뺨을 갖다 대는 앳된 동생
조심스레 창문 햇빛 가리개를 내릴 때

기차는 구미역을 통과한다

오른손의 가수면

ㅣㅣㅣㅣㅣㅣㅣ발 찾으러ㅣㅣㅣㅣㅣ나갔다가ㅣㅣㅣㅣㅣㅣㅣ
ㅣㅣㅣㅣㅣㅣㅣㅣㅣㅣㅣ비를ㅣㅣㅣㅣㅣㅣ만났다ㅣㅣㅣㅣ
ㅣㅣ차라리 잘됐다고ㅣㅣㅣㅣㅣㅣㅣㅣㅣㅣㅣㅣ두 팔을 벌리는데ㅣㅣㅣㅣㅣㅣㅣㅣㅣㅣㅣㅣㅣㅣㅣㅣㅣㅣㅣㅣㅣ
ㅣㅣㅣㅣㅣㅣㅣㅣ파랑새다ㅣㅣㅣㅣㅣㅣㅣ파랑새 잡을 만큼ㅣㅣㅣㅣㅣㅣ돌아다니지도ㅣㅣㅣㅣㅣㅣㅣ않았는데ㅣㅣ
ㅣㅣㅣㅣㅣㅣㅣㅣㅣㅣㅣㅣㅣㅣㅣㅣㅣㅣㅣㅣㅣㅣㅣㅣㅣㅣ
ㅣㅣㅣㅣㅣㅣ깨닫고 보니ㅣㅣㅣㅣㅣㅣㅣ눈물이다ㅣㅣㅣㅣ
ㅣㅣㅣㅣㅣㅣㅣㅣㅣㅣㅣㅣㅣㅣㅣㅣㅣㅣㅣㅣㅣ말짱 거짓말ㅣㅣㅣㅣㅣㅣㅣㅣㅣㅣㅣ발이ㅣㅣㅣㅣㅣㅣㅣㅣㅣㅣㅣ
ㅣㅣㅣㅣㅣ찾고 싶은 생각은ㅣㅣㅣㅣㅣ신발이지ㅣㅣㅣㅣ
눈물ㅣㅣㅣ이ㅣㅣㅣㅣㅣㅣ아ㅣㅣ니ㅣㅣㅣ다ㅣㅣㅣㅣ
어디다ㅣㅣㅣㅣㅣㅣ발을ㅣㅣ벗ㅣㅣ었는지ㅣㅣㅣㅣㅣㅣㅣ
벗어 놓은ㅣㅣㅣㅣㅣ생각 찾아ㅣㅣㅣㅣㅣㅣㅣㅣㅣㅣㅣ
ㅣㅣㅣㅣㅣㅣㅣㅣㅣㅣㅣㅣㅣㅣㅣ묵ㅣ념ㅣㅣㅣㅣㅣㅣㅣㅣ
ㅣㅣ오!ㅣㅣㅣㅣㅣㅣㅣㅣㅣㅣㅣㅣㅣㅣㅣㅣㅣㅣㅣㅣㅣㅣ
ㅣㅣㅣㅣㅣㅣㅣㅣㅣㅣㅣㅣㅣㅣㅣㅣ이건 바늘이다
ㅣㅣㅣㅣㅣㅣㅣㅣㅣㅣㅣㅣㅣㅣㅣㅣㅣㅣㅣ소아마비를ㅣ
ㅣㅣ앓은ㅣㅣㅣㅣㅣㅣㅣㅣㅣ언니는ㅣㅣㅣㅣㅣㅣㅣㅣㅣ
ㅣㅣㅣㅣㅣㅣㅣㅣㅣㅣㅣㅣㅣㅣㅣㅣㅣㅣㅣㅣㅣㅣㅣㅣㅣㅣ

ㅣ바늘꽃이란 ㅣ ㅣ 수선집을 열었다 ㅣ ㅣ ㅣ ㅣ ㅣ ㅣ ㅣ ㅣ ㅣ
ㅣ ㅣ ㅣ ㅣ ㅣ **피** ㅣ ㅣ ㅣ ㅣ 피를 ㅣ ㅣ ㅣ ㅣ ㅣ 먹으며 피어난 ㅣ
ㅣ ㅣ꽃은 ㅣ ㅣ ㅣ ㅣ ㅣ ㅣ ㅣ ㅣ ㅣ 젖지도 ㅣ ㅣ ㅣ ㅣ ㅣ ㅣ ㅣ
ㅣ ㅣ ㅣ ㅣ ㅣ ㅣ ㅣ 죽지도 ㅣ ㅣ않고 ㅣ ㅣ ㅣ ㅣ ㅣ ㅣ ㅣ ㅣ ㅣ ㅣ
ㅣ ㅣ ㅣ ㅣ ㅣ ㅣ ㅣ ㅣ ㅣ ㅣ ㅣ ㅣ ㅣ ㅣ 일편단심 ㅣ ㅣ ㅣ ㅣ
이다 ㅣ ㅣ ㅣ ㅣ ㅣ ㅣ ㅣ ㅣ ㅣ ㅣ ㅣ ㅣ ㅣ ㅣ 발 ㅣ 찾아 ㅣ ㅣ ㅣ
ㅣ왔는데 ㅣ ㅣ ㅣ ㅣ ㅣ ㅣ 시 ㅣ ㅣ ㅣ 생선처럼 ㅣ ㅣ ㅣ ㅣ ㅣ ㅣ ㅣ
ㅣ ㅣ ㅣ ㅣ ㅣ ㅣ ㅣ 펄떡이는 저것들 ㅣ ㅣ ㅣ ㅣ ㅣ ㅣ ㅣ ㅣ ㅣ
ㅣ ㅣ ㅣ ㅣ ㅣ ㅣ ㅣ ㅣ ㅣ ㅣ ㅣ ㅣ 허겁 ㅣ ㅣ 지겁 ㅣ ㅣ ㅣ ㅣ ㅣ
ㅣ건져 담았는데 ㅣ ㅣ ㅣ ㅣ ㅣ ㅣ ㅣ ㅣ ㅣ ㅣ ㅣ ㅣ ㅣ ㅣ ㅣ ㅣ
ㅣ ㅣ ㅣ배 까뒤집고 다 ㅣ ㅣ ㅣ죽었다 ㅣ ㅣ ㅣ ㅣ ㅣ ㅣ ㅣ ㅣ두 발
은 ㅣ ㅣ ㅣ책상 ㅣ ㅣ밑에 ㅣ ㅣ ㅣ ㅣ ㅣ ㅣ ㅣ ㅣ ㅣ ㅣ ㅣ ㅣ ㅣ
ㅣ ㅣ ㅣ ㅣ ㅣ ㅣ ㅣ ㅣ가지런히 ㅣ ㅣ ㅣ ㅣ ㅣ ㅣ ㅣ ㅣ자판 ㅣ ㅣ
위 ㅣ
오른 ㅣ ㅣ ㅣ ㅣ ㅣ ㅣ ㅣ ㅣ ㅣ ㅣ ㅣ ㅣ ㅣ ㅣ ㅣ 손 ㅣ ㅣ이 ㅣ ㅣ ㅣ ㅣ ㅣ
ㅣ ㅣ

모텔 수도원 감옥

　

　분홍 팬티와 위스키는 숨겨 두었다 둘은 샴푸와 린스처럼 붙어 있다 종일 폰을 만지거나 누워 곁눈질로 바라본다 술잔을 바꿔야 해 침대의 싸구려 시트를 갈 때마다 장미는 색이 빠져나간다 바지춤에서 쭈그러든 것을 꺼내 오줌통에 집어넣고 미간이 용을 쓰는 깡마른 사내 갑자기 밑이 찔끔찔끔 가려워 706호 방을 나서는 여자 샤워장 가는 길은 가파르고 멀다

　맑은 종은 왜 이곳에 있지 않나 각자 침묵하고 절실해서 무화과도 심는다
　때로 숟가락은 눈물 흘린다 젓가락도 잠시 반성하다 분개해 내팽개친다 십자가는 누가 가져오는가
　활화산처럼 가래가 끓고 있는 목,
　뽑아 주길 기도하는 손은 간절한 거짓말 보조 침대에서 책을 읽는 마흔 안팎의 여자는 두꺼운 안경을 꼈다 페르난두 페소아를 성경처럼 끼고 밤에는 환한 복도로 나간다 안달하는 목울대는 담장 밖에 있다

　제복을 입은 남자들이 한 방에서 다른 형을 산다 신분과 계급장을 벗겨 내면 복음보다 신음이 서로를 끌어당긴다

둥근 레일이 발작하듯 비닐 커튼을 촤르르 펼치면 다섯 개 방은 싸늘한 무덤이고 드라마 세트 같다 얇은 벽은 오색 고통을 동시에 보여 주다가 어금니를 깨문 울음인지 애원인지 불빛이 요동친다

    황달이 번져 가던 창가 쪽 수염은 호스피스 병동으로 옮겨 간다

    수도원 뒤뜰에선 무화과 기세가 새파랗다

나의 미성년

一   한마디로 엿 같은

엿가락에 끈적끈적 달라붙는 쥐새끼
창문 틈새나 술병에 가학적으로 쑤셔 넣는 담배꽁초
습한 지하방에서 불결한 바늘로 수놓은 화려하고 거친 문신
퀵 서비스로 애인을 모시는 오토바이
나날이 삐딱해지는 베개
할머니 쌀통 냉장고를 파고 뒤지는 넝쿨손
지평선을 줄넘기하며 튀기는 화성 언어
발랑 까뒤집힌 시꺼먼 개털
영혼의 순수를 갈아 넣는 게임방
거침없이 회전하고 상승하는 칼
인생에 절대 없을 기숙사 담장
내일까지 물고 있는 다이너마이트
날마다 상영되는 마술쇼
때가 둥둥 떠다녀도 흘러넘쳐선 다치는 욕조
타자마자 나가라 울어 대는 엘리베이터
죽기 살기로 여닫는 금지된 장난
엄마 아빠 열쇠를 노리는 복면
—   뒷면은 없고 오직 나아가는 정면

그래서 헌법과 공장이 돌아가고
뒷골목에선 팡파르의 계보가 울리며
금 간 창문은 악을 쓰며 울어 재낀다
지루한 머리통에 누리끼리한 오줌 발사
가래침에 딱성냥을 그어 대는

그러니까 시들어 가는 지구를 살리고 있는 나의 미성년

위대한 요플레

　게으른 연필을 깎자 더 자랄 것이다 닳고 뭉개진 지우개는 숲으로 가겠지

　상스런 손가락을 털어놓자 손가락질받으면 뭐 엉덩이는 아니니까

　대기업이 로망인데 깎거나 털어놓다가 재떨이가 될 수도

　그렇지만 요플레 뚜껑에 혀를 사용한다는 재벌도 있다

　공룡이 싹싹 핥고 베짱이가 대충 훑는다고 공룡이 부자로 오래 살거나 베짱이가 일찍 죽는 건 아니다

　'요플레 뚜껑 1개에 붙어 있는 양은 2g이며 40개 정도의 뚜껑을 핥아 먹어야 1개 분량의 이득을 볼 수 있다'

　혀의 효율성만 연구하다 연구비만 싹 날린 아버지 오직 수치에만 빨간 밑줄 긋고 몰두했더라면

　여럿이 모여 요플레를 먹는 건 품위와 상식에 차질이 생

기는 동시 이익을 포기할 수도 있다

  작지만 단숨에 핥기엔 살짝 부족한 뚜껑은 회장님 혀를 몇 번이나 움직이게 할까

  통 밑바닥까지 닿지 않는 짧은 혀가 검지를 야무지게 빨고 있다

이전의 세계

─ 사월에 핀 기침은 잎이 다 떨어져도 지지 않았다

뼈다귀를 문 더러운 개가 잽싸게 달아나자
회색 고양이도 공범인가 사라진다

병원은 늦게 도착하고
허리뼈를 이미 갉아 먹힌 사람은
C로 분류되었다

난데없이
로트와일러가 허벅지를 물어뜯는
자동차가 헬멧에 피를 묻히는 금요일

접시꽃은 노란 접시, 꽃이 아니라 접시라고
번복하기를 바라는 이 어처구니

꽃다발 대신 약 다발을 받아 들면
익숙했던 모든 사물들이 낯선 형태로 뿔을 들이댄다

─ 밥상이 구토의 원인인 양

곤두박질치는 체중계가 문제인 양
불안한 정서는 가발인 양

고깔모자와 양초의 평범했던 미래를 앞당겨
생크림을 주문해야 한다

희미하게 열린 문을 밀치고 다시 들어갈 수 있다면
한 번만 다시

우리의 북두칠성

―
　유언이 먼저야
　융자가 먼저야

　함박스테이크가 예뻐
　풀빵이 예뻐

　돌림노래를 좋아했었지 서로의 꼬리를 붙잡으며
　둥근 마음들이 건너가고 되돌아오고 놓치지
　않으려고 기를 썼지 영원히 이어져도 좋았지

　검은 태양이 돌고 사채가 따라 돌고
　도마뱀이 되었으면 했는데

　도는 것들의 끝을 교황님은 아실까
　융자 풀빵 같은 것을 끈덕지게 쥐고 있는 금고야
　가끔은 고해성사라도 들어다오

　풀빵 속에 떨리는 천남성을 심었다가 오늘은 설레며 엄마를
넣었지

―

북두칠성을 누가 숨겼을까

삼천팔백 일 구워서도 풀칠만 하는데
어딘가 숨겨 두었을 치즈를 찾아

곪을 대로 곪은 국자
목구멍에 연둣빛 싹이 틀 때까지

메토이소노

一 구급차보다 시뻘건 피가 먼저 도착합니다. 처음 목격한 은행나무는 그냥 샛노랗게 후들거릴 뿐입니다. 알들을 바닥에 떨어트린 줄도 모릅니다. 주변을 다급히 불러들이는 사이렌도 핏발이 섰습니다. 부러진 연장과 유리 파편들이 오들오들 떨고 있습니다. 고꾸라진 사다리는 모처럼 편안한 듯 다리를 포개고 누워 꿈쩍 않습니다. 바람은 잽싸게 달아나고 혀들이 몰려들어 아홉수가 화근인 양 공감대를 형성합니다. 스물아홉 살 스마트폰 안에 어떤 사진과 게임이 들어 있는지 통장엔 야구공이 뛰어다니는지 휴식이 얼마나 조급해 주말보다 하루 앞당겨 왔는지.

서른아홉에 홀로된 엄마는 다시 불구덩이를 안았습니다.
밤과 낮을 태울 미친 불이 되기를 빌었습니다.

아들의 콩팥을 꺼내고 심장을 떼 주라고 했습니다.
형제들은 모질고 독하다 했습니다.
두 눈만은 남겨 둬야 자신을 알아볼 거라고…… 차마……
몇 날을 꼬박 우는 사이 엄마의 눈이 사라졌습니다.
눈먼 어미를 알아볼까 봐 두 눈도 마저 주라고
二 기필코

거뜬히 살렸습니다.

압생트

자물쇠와 열쇠
커튼과 침대로 이루어진 사이
바깥은 주먹만 하고
안은 밤만 하다

바깥에서 밖으로 나올 수 없고
안에서 들어올 수 없는 처지
너를 언제든 풀어 줄 수 있는 그
의 애인 팔찌와 용돈을 대 주는 너
세상 끝까지 팔아치울 수 있는 그
를 위해 기약 없는 음식과 잠자리를 던져 주는 너

화가를 포기하는 너는
'별이 빛나는 밤'을 가지기엔 커튼이 너무 많고
시인을 해석하는 그는
'악의 꽃'을 가질 자물쇠가 그득하다

미술관에서 '완월동 편지' 전을 보고 나와

찐만두를 먹다 만두 밑에 깔린 둥근 비닐 천을 보고

먹은 걸 다 게워 내는 거짓투성이 토요일
피에 짓이긴 돼지 살점이 흩어져 나오고
먹지도 않은 체모가 질질 끌려 나오는

고흐를 쫓아다니고 보들레르를 끼고 다니면서
어떤 절망을 시늉하며
압생트를 자꾸 쇼생크라고 우기며
혀가 꼬꾸라져서
만취하고 싶어서 그들 흉내를 내는가

*'완월동 편지'전: 부산의 대표적 집창촌이었던 완월동에서 일했던 이의 발신 편지와 그 편지를 받은 이들의 답장을 전시함.

출처

택배는 숲에서 오고
숲은 바위에서 오고
바위는 갈등으로 오고
갈등은 체형이고
체형은 감정이 아니고
감정은 어디서?
미나리는 미국에서 오고
미국은 영화로 오고
영화는 연기에서 오고
연기는 아카데미 조연상에서 오고
아카데미 조연상은 배우에서 오고
배우는 몸짓에서 오고
삶은 어디서?
기증은 미술품에서 오고
미술품은 때늦은 약속이고
때늦은 약속은 자본에서 오고
자본은 어디서?
통영은 굴에서 오고
굴은 영란에게서 오고
영란은 비행기 안에서 만나고

부탄은 타르초에서 보고
모자라고 짧은 생각은
어눌하고 풋내 나는 글에서 나오고
악기 가운데
배고픈 시집을 떠받들어 주는
영란은 어디서?

*미나리: 영화 제목.

쿡, 쿡쿡

젖은 비릿하고 야생적이다
그 맛을 보겠다고 간월도로 간다면 낭패
어리굴, 젓이 반겨 줄 테니까 쿡

숫자는 힘이 세다지만
1이나 100 둘 다 맹탕이다
나야말로 남편과 시어머니보다
훨씬 센 팔뚝에 도달했으며 다 이겨 먹을 수 있다 쿡쿡

문학 톡톡 행사에 가면서
카톡 행사에 간다고 주최자처럼 말해 버리다니
드디어 두 가슴보다 앞선 아랫배가 쿡

둘리가 벌써 서른 중반이라더니
아직 넉살로 빌붙어 살고 있다면
아랍이나 우간다로 가자고 꾀어 보내 버려야 한다 쿡
그렇다면 길동 씨는 환갑 지나
칠순 잔칫날이 더 가깝겠는데
쌍문동 집 대출금은 설마 아직도?
백날 머리 굴려 봤자 그는 둘리에게 절대 진다 쿡쿡

내 발음보다 세련되고
벽시계보다 정확한 전기밥솥
쿠쿠를 한 방 먹였다 쿡
고구마를 삶고 달걀을 넣었는데
"맛있는 백미 밥이 완성되었습니다."
이런 밥통! 쿡

어리버리 쿡
제멋대로 쿡쿡

용봉탕

―

 한밤중에 18층을 덮친 해일은 넘치고 흘렀다 상어를 잡는 건지 피를 본 상어가 요동을 치는 건지 사방 벽이 출렁거리며 아우성이다 태평양을 건너와 거실에서 말라 가던 산호초가 박살 나고 벽을 기어오르던 거북은 파도에 뒤집혔다 포획된 상어는 이빨 사이로 식식거리고 침을 뱉고 구릿빛 팔뚝을 사납게 휘둘렀다 먼바다에서 그가 돌아온 지 일주일째였다 손맛 깊은 여자는 식단을 짜며 냉장고를 살찌웠고 파마도 경쾌해 휘파람 소리가 보였다 오랜 항해에 지친 그를 위해 고민하다가 마트 전단에 보양식을 보는 순간 달려갔다 기력 회복을 위해 야심 차게 준비했다는 용·봉·탕
 용이 꿈틀대며 불을 뿜고 봉새가 수평선을 찢는 이름만으로도

―

수국입니다

붉게 노랗게 수북한 밥
날마다 둘러앉은 밥상에서
오므리고 벌어지고
뜨거웠다 식어도
평생 질리거나 물리지 않는
엄마 밥

속이 꽉 찬 양털구름
더는 떠돌고 싶지 않아
하고 싶은 말이 너무 많아
비행접시 타고 몰래몰래 내려와
다 같이 터 잡고 벙글어
조잘대는
수다들

축, 합격

　명함 떨어지고 마누라 떨어지고 수면제 떨어지고 지하철 떨어지고 오줌발 콧물 떨어지고 간 떨어져서

　신발에서 못 떨어지고 술병에서 못 떨어지고 호적에서 못 떨어지고 허공으로 못 떨어지고 패딩과 못 떨어지고 날려버린 지폐만큼 서류를 끌어모아서

　심장이 터지게
　유다를 죽이고 또 죽여 가며

　단 한 번에 떡 붙었다!
　개인회생!

제3부

종편

마늘양파고추를 깐다. 아침점심저녁양말브래지어팬티를 깐다. 밤이고 새벽이고 깐다. 아줌마삼촌아들이모를 깐다. 월화수목금토일 깐다. 혓바닥정강이전립선을 깐다. 말돼지원숭이를 깐다. 조련사처럼 깐다. 주사알약성분횟수를 깐다. 주치의처럼 깐다. 홍합새우문어대가리를 깐다. 맛있게 깐다. 학교회사재단재벌을 깐다. 냄새나게 깐다. 시집영화연극을 배꼽 빠지게 깐다. 밀감 까고 휴대폰 까고 감옥 깐다. 여기서 까고 저기서 까도까도 나온다. 채널마다 까기 위해 자지도 않고 깐다. 깔 재료는 넘쳐나고 수다스런 우리는 안에서 깐 걸 밖으로 물고 나가 또 깐다. 윗도리고 아랫도리고 마구 깐다. 껍데기는 수북한데 대체 뭘 깠는지 깐다. 당신은 그래도 까야 한다. 무궁화태극기삼천리를 깐다.

그들의 독서

1.

 책의 뿌리는 어떤 형태로든 온전히 퍼져 나간다 씨앗이든 벌레든 성숙할 것이다 체형은 생각 않고 끌리는 옷을 덥석 고르듯 제목만으로 쑥 뽑아 드는 책도 있다 해를 넘기며 악착스레 맞서 싸우고 순간 끝날지는 내일을 벗겨 봐야 알 것이다 적은 끊임없이 번식하여 몸 어디든 깃발을 꽂는다 체스 게임은 쓸 시간을 아는 것인데 칼 레이저 독가스 최첨단 무기를 사들여 대들어도 자꾸 밀리고 촉박하다 종교보다 책을 선택한 건 개인의 정서 읽는 걸 보진 못했지만 톨스토이의 부활이 침대에 누워 있다 제목을 가리려는 듯 덮어 두었는데 자꾸 삐져나와 들키지 않게 애써야 한다 양쪽이 다 절실하니까

2.

 투병보다 그냥 싸우다는 말이 좋다 암보다 적이란 말이 덜 감상적이고 신약보다 신무기가 훨씬 전투적이듯 책을 아프게 깊숙이 팠더라면 바게트나 식빵처럼 표현하지 않을 테지 자코메티의 완벽한 작품이 체중계 위에 서 있다 뭉텅

사라진 살을 이해하고 삭아 가는 뼈를 함부로 위로할 수 없다 설사 한 몸에서 난 사이라 할지라도 먹고 마시고 말하는 달은 어디란 말인가 밥상을 받아 놓고 토하거나 가래침을 뱉는 건 모욕은 아니지만 견디기도 어렵다 제목을 숨기고 나가 몰래 읽는 지옥이 얼마나 재밌어 작은 구멍에 눈이 핏발이 서도록 들이댄다 푹푹 빠져들어 간다

*지옥: 앙리 바르뷔스.

날아라 바퀴

                커다란 은색 바퀴가
       걸어온다   둠 칫둠 칫
       씽씽씽   춤춘다
       달려온다   뱅그르릉
        통 통   돈다
              튀어 오른다

근육에 땀방울이 튕겨 나간다
손아귀에 든 마이크 으스러질까 움찔움찔
기울어진 얼굴이 씽긋대며 윙크
은빛 휠체어는 유쾌하고 얹힌 두 다리는 다소곳하다
강사와 눈을 맞추는 척 어색한 눈빛들
긴장된 표정들은
박수 소리에 뒤집혀 환영이 열렬해진다
입을 열자 오렌지 알갱이가 팡팡 터진다
이십 년간 숨겨 둔 하반신 마비
동굴 탐사라도 다녀온 듯
양쪽 다리를 밖으로 펼친다
짓무른 벌레와 썩은 장미 깨진 그릇들이
환하게 반짝이며 풀려나오고

바퀴 이십 년은 쏟아지고 터지고
내려갈 곳 없는
돌고래가 서서 걷기까지 공중 점프하기까지
바퀴가 댄스 경연에
입상하기까지
안개꽃을 치우자 확장되는 무대에
헝가리 무곡이 흐르고

굴리고 굴려서 하늘도 올라가는!

상냥한 월말

―

봉급날이 다가오자
목이 말라 팥빙수를 시켰어

하얀 눈 위에 팥이
피처럼 덮여 있네
우리의 숨통을 조여 오는 월말과
한 패거리 같아

이제부터 팥빙수는 먹지 말자

너는 얼음을 골라 먹고 나는 팥을 건져 먹으며
얼음과 팥의 관계는 우호적인지
고구마 캐던 실력을 보였다면
그건 정말 고구마 같고 목메는 일일 뿐이야

갑자기 바닥이 보이는 빙수 그릇을 보자
단지 부끄러운 생각 때문에 침을 뱉었을 뿐인데
노랑머리 앤이 달려와
'거지 같은 새끼'들처럼 대해 준다

―

빨강 머리 앤을 부르고 싶었지만
그녀라고 모든 기분을 알 수 있을까

빙수의 계절이 지나가고
단팥죽 철이 오면
월말은 우리들에게 상냥할까

그날이면 심야 영화를 보러 가는
파랑 머리 앤도 일찍 돌아올까

비등점에 서다

―

아가미를 탕
내리친다 탕탕
아가미가 탕탕탕
사방팔방 튄다

탕 무쇠 칼이
녹슨 시간의
지루함을
탕탕탕탕 난타하다

아가미가 탕
올가미로 탕탕
골을 들쑤시며
고막을 찢는다

탕 내 손이
아가미를 접신하여
탕탕탕 살풀이로
난도질하다

―

발기된 귀들이 탕
비수로 분노가
이를 갈며 탕탕탕
아파트 문들이 뛰쳐나온다 탕탕탕탕

도배 J

―

집 근처 가게 j와는 친하지 않다

잠깐 밀접한 관계였다가 하자 보수로 며칠 다투었다

날 트집쟁이라니

벽지 틈새가 침대 이야기를 들으려 자꾸 벌어지는데
어떻게 사이가 좋겠어

좋아하는 그림쟁이 丁이 그 말을 했을 땐 조금 수줍어졌다
허투루 그리는 작품이 없으니까

하지만 동네 j는 丁이 아닐뿐더러

그는 기술자니까

저 도배 J는 나와 아무 사이가 아니다

버스 안에서 바라보는 상호일 따름이다

―

그런데 J에게 자꾸 관심이 간다 화려한 벽지는 궁금하지 않다

 안 보인다 가게 안에 카탈로그는 쌓여 있고 J는 한 번도 본 적 없다

 야무지고 깐깐한 J라면 매장에서 쉽게 볼 수 없어야 한다

 저 도배 J는 교묘하다

 시 연극 J들을 다 감쪽같이 벽에 발라 놓는다

 간판 볼 때마다

 시 J가 도배 J를 베껴 먹으려고 군침을

날뛰는 마법 주머니

이번에 또 실수하면 웃음거리
컴퓨터가 눈뜨면 주문을 걸어
팔팔 날뛰는 씨를 마법 주머니에 넣고
고래 심줄로 꽁꽁 묶어
누구와도 같이 자지 않도록

마법사가 되는 길은
바나나를 청산가리에 찍어 먹는 그런
정직한 분위기는 잘못하면 안줏거리

내일이나 도덕은 따분해서 하품 눈물
길어지면 짜증

군자에게 씨를 기꺼이 선물하자

카돈선인장으로 거듭나서
자만에 흠뻑 젖어서
거울에게 묻는 왕비의 매력에 정신 나가서
베토벤 9번 교향곡을 어지럽혀서
대나무 코를 걷어차서

하쿠나 마타타
하쿠나 마타타

개살구로 성공하길
모르핀이 어울리는 거실이 되길
오렌지 수배자에 실려 다니길
터널에서 용천하길
독사의 혀로 나불대길
푸성귀 푸대접받는 글쟁이길
가시 돋친 마법사로

아브라카다브라
아브라카다브라

피노키오를 낳았어

—   나 피노키오야

나답게 잘도 늙어 가고 있는데 자꾸 동화책을 사 주는
엄마의 취향을 모르겠어

굴뚝으로 '마지막 잎새' 같은 책이 떨어졌다면
가난한 그림쟁이 코가 길쭉했을 텐데

기다림에 목은 늘어지고 검은 눈이 올까 봐
침이 꼴깍꼴깍 넘어가던 이브

그건 진실 게임의 시작

사과는 사과답게
빈대떡은 빈대떡답게
결코 친절함은 없지만
마토케를 먹지 못하고 죽는다면
썰매밖에 모를 것 아니겠어

—   난 피노키오를 낳았어요

부모와 산타가 공범이 되는 순간
아이들은 더 이상 코를 걱정하지 않고
감동적인 소설에 흥미를 잃죠

훌륭하게 자란 어른들이
해명할 때마다 난 토막토막 생선을 정확하게 잘라요

이제부터 산타는 화물차 타고 계단 올라와
그 집에 어떤 애가 사는지 모른다고 알려 줘요

날마다 집 앞에 놓고 가는
그 선물이야말로

나는 가정합니다

경매는 전봇대에 붙어 팔랑댄다. 우리는 놀이동산엔 가지 않는다. 그래도 가끔 울적할 땐 코인노래방에서 코인이 건네는 응원가를 두드린다. 해가 솟구칠 때까지 손가락을 쑤셔 넣는다.

'금융과 부동산이 하나 되어 세상을 풍요롭게 지구를 아름답게'
왜 이제 눈 맞은 걸까. 빌딩 벽면을 반쯤 차지한 슬로건 같은 글귀는 공중에 있다. 들고 있던 꽁초를 바닥에 짓이기자 거북하던 속이 훨씬 가벼워진다. 칙칙한 앞머리를 우선 밀어야겠다. 건들거리던 구름이 흥미를 느낀 듯 멈추고 미간을 모은다. 풍요롭고 아름다운 것은 동참하고 싶어지지 않나. 지난 파티 초대장을 신발장에서 떼지 않고 있다. 뜬구름이 변하기 전에 붙잡아야 한다. 금융과 부동산의 조합이라면 로미오와 줄리엣만큼 환상적인 커플이 되지 않을까. 오직 하나를 추구해 두 가문이 손을 잡았다면 말이다. 다만 로와 줄은 애송이였고 사랑밖에 몰랐기에 둘을 엮는 건 좀 그런가. 우린 방 두 개 지키려고 물귀신처럼 매달렸는데 공인감정사는 감정만 낭비할 뿐이고. 법은 일편단심으로 민들레 울타리만 쳐 대고. 은행알만도 못한 은행이 수두룩하다고

도끼날을 세울 때가 아니다. 지금은 넘어서야 한다. 세상과 지구를 위한 사업이다. 죽음을 의심치 않고 독약을 마신 연인도 있지 않은가. 형기를 마친 동창이 자책하며 무대서 간증하고 모던한 양복을 입고 글로벌 외치며 미래를 내미는 사업자에게 관용차도 관용을 베풀 것이다. 따져 보면 우리만 잘 먹고 잘 쓰자는 거였잖아. 좀스러웠지. 넌 친가를 모셔 오고 난 외가를 모집해 이 위대한 사명에 깃발을 꽂는다면 우리의 식탁은 늘 공중에 차려질 것이다. 새 떼가 몰려오고 있다.

상투를 올리자

―

목구멍에 걸렸다 캑캑
과자에 가시가 있는 것도 아닌데
네 상투를 먹은 것도 아니고
으깨진 부스러기가 처신없이 튀어나온다

어젠 심사에서 걸렸다
잘 익은 토마토가 입구로 날아왔다
채소나 바나나 같은 것 말고
드릴이나 스릴 같은 장르

남자들은 상투가 없었고 여자는 상투과자를 몹시 싫어했다

과자의 끝을 집
중 완성은 오직 꼭대기라니까

당신 대가리에 올라서고 싶어

반듯하면서 물결이 흐트러지지 않게
수백 개를 펼쳐 놔도 포개도
한결인데 뭐가 못마땅한 거야

―

이런 내 생각이 상투과자라잖아

케이크에 열 손가락 꽂아 놓고
떠들고 취해 손뼉 친다면 상을 엎어 버릴 거야
그래도 제삿날인데

이런 게 상투, 적(敵)이라잖아

끝없이 달라붙는 적들을 다 베어 내야
올라설 수 있는 한라산

지금부터 상투를 틀고 나서 볼까

알리바이 연인

누군가는 부스스 일어나 변기를 향해 용쓰며 애원하겠죠
지구 저쪽에선 오줌이 얼어붙을 테고
요즘은 슬슬 녹고 있다죠
주문을 꺼내고 싶은 저녁이 왔어요
여섯 살 때부터 이상형은 아빠가 아닌
알리바바
크게 외쳐 볼게요
열려라 참깨
이건 시시하고 장난 같고
알리바바 알리바바
벌꿀이 가슴에 찐득거리네
아이스크림 종류보다 보석을 가진 사나이
콧구멍을 파며 발가락 열 개를 조수석에 펼쳐 놔도
손목만 한 체인 금목걸일 감았다면
결코 시시하지 않겠어요
백 년이라도
계집애는 나타날 테고
아이는 흘러도 생생히 살아 있는
여전히 잊지 못하는 밤
생각할수록 내 발등 찍고 싶은

식탁 위 시든 프리지아에게 악담
을 건네다 다시 피고 싶은 이 허영이라니
선술집 알리바이에서 혀가 꼬부라져
내 이상형은 도둑놈
소리치며 가자고 자꾸 졸랐는데
눈 맞은 술집과 모텔은 하이파이브
지갑이 부족했다는 게
쪽팔린 사건은 아니에요

안 씨 할머니

―   악기는 첼리스트를 보내야 한다
       악보를 첼로가 놓칠 때

       금 간 접시 표정이 읽힐 때 깊은 주름을 믿어야 한다

       망상을 증명할 수 없을 때 꽃병을 떠나야 한다

       자식이 부모 되고 가족을 버려야 한다

       요양원이 죽지 않고 연명할 때 기저귀를 떼야 한다

       멀미를 누르며 꽃구경 오니 과연 꽃방이다
       끝물이지만 매달려 있고 묶여 있다

       어떤 날은 호박꽃이 보이고 어떤 날은 범벅이 보여

       길을 쭉 펴서 되돌아갈 신발을 내주자 신나게 달려간다
       산나리 핀 고향 엄마 방으로

―   먼지가 된 이름표는 너무 오래 걷고 있다

꽃길 들어설 때 환한 발걸음을 놓쳐선 안 된다

안 씨 할머니 두 다리가 푸드득 날았다

삿뽀로 참치식당 말인가

잊었단 말인가, 나를
이런 노래 가사가 왜 떠오른단 말인가

나는 잊혀졌단 말인가

주말 빼고 출퇴근에 보는
삿뽀로 참치식당을 지날 때마다
주인이 홋카이도에서 왔단 말인가
촌스럽게 삿뽀로란 말인가

러브레터 영화는 못 봤지만
오타루는 갔었지
모든 경계를 지워 버린 눈 위에
눈을 뭉쳐 허공에 던지며 언 입술은
아직 첫사랑이 살아 있어서란 말인가

외로움은 팔지 않습니다
그럼 뭘 판단 말인가

부드럽고 고소한 참치 배꼽 살이

드러내 놓고 나루토 춤이라도 춘단 말인가

어쩌면 북쪽 섬에서 외로움을 팔다가
쫄딱 망했단 말인가

네 사람이 와서 이 인분만 시켜도 괜찮다니
두 사람은 참치 알레르기라도 연기해야 한단 말인가

술은 팔면서 언제까지
외로움은 안 팔겠단 말인가

너와 삿포로 가기로 한 약속이
두 해가 지났단 말인가

혼자 들어가 삼 인분을 시켜 놓고
도대체 무어란 말인가
새벽까지 횡설수설 팔고 온 게

이 모든 것은 금붕어

―   결혼행진곡은 십 년이나 빨랐는데

    어항 속을 뛰쳐나와 가출한 금붕어는 어느 지점
    어떤 각도로 점프 몇 번에
    성공했나 무리수를 사용한 붕어 씨에게 경의
    왼쪽에서 숫자를 세었다면
    그는 아라비아 순종이다

    이 빠진 접시에 케이크를 담는 게 아니지만
    한 박자 늦거나 빠른 김치는
    그 기분을 그래프로 보면 속 터질 것 같고

    번번이 첫 음을 놓치는 지휘봉은 계산이 밀린 탓

    귤이 호적에 오르기도 전에
    살과 피가 되고
    귤은 태어날 때부터 칸 나누는 걸
    배우거나 가르치거나

―   항상 허겁지겁 놓치고 늘

귤은 쪼개지만
셈을 무시한 채 대충대충

넘치고 쌓이는 굴 껍질 굴 껍데기

놓치고 깨지는 박자와 리듬이
아라비아 때문인가

*어항 속을 뛰쳐나와 가출한 금붕어: 영화 「아멜리에」.

꼬리 보호구역

一   꼬리곰탕은 갈수록 비싸
     쥐 꼬랑지는 멜랑꼴리해

     세 살 기영은 남자 목욕탕 가서
     사람들의 꼬리를 보고 깔깔 웃었다

     사냥도 전쟁도 못 해 본 아빠는
     가문을 지켰고
     다른 종족을 맞이할 준비를
     꼭꼭 숨어서 하고 있다

     (꼬리 감춘 동물이 어디 살고 있을지 몰라)

     어느 과학자가 꽁무니를 앞으로 돌려놓았을까

     힘센 인간들이 세상 벙커에서 밀실에서
     호시탐탐
     지퍼를 내려 꼬리라며 자꾸 우긴다
     왈왈 짖어 대는 저 소리에
一   지구가 갸우뚱

꼬리는
음흉하고 궁금해

제4부

북어 사람

 무언가 시비를 걸었고 알 수 없는 게임이 다가왔다

 한 번 사는데 일상이 왜 이리 구질구질할까

 순하고 어리숙한 곱슬머리가 꼼짝없이 잡혀가데 물을 죄가 없어서인지 그냥 밖에 매달아 바람이 들락날락 기억을 가져가고 피를 말리데 얼음 칼이 찌르고 흔들어도 무덤덤하데 참 우직하데 데룽데룽 아프거나 말거나 가벼워서 묶어 두지 않으면 날아갈 것 같데 이름이 다 쓸 만은 하데 어쩌다 멋진 데칼코마니도 그리데 방망이로 두들겨도 입을 안 다물데 그래서 더 재미있데 정말 이상하데 껍질을 벗기고 살을 찢어발겨도 마음이 쓰리지도 미안하지도 않데 내 팔이 아니고 네 팔이데

 새벽에 그림자처럼 병원 지하로 내려갔대
 쪼그라든 북어 한 마리 누런 침대에 붙어
 입을 쩍 벌리고 어찌나 크게 웃던지
 재빨리 시트로 덮어 버렸대

배틀

一   와인은 콧대가 세다 와인 잔은 높고
하이힐은 솟구치며
그녀의 코는 더 위에 있다 모딜리아니는 늘어난 건가
와인 잔과 하이힐 모딜리아니가 코 아래 있다

와인을 소주처럼 들이킨다고 눈살 찌푸릴 일인가 술이 아닌가
호스트에게 테이스팅을 요구하는 목소리는 와인처럼 부드럽지만 거만한 콧구멍을 보세요
질병도 아닌데 왜죠
와인 파티라고 전부 뒤꿈치를 들고 성분을 감별해야 하나요

하이힐은 와인을 부추기고
와인은 코를 부추겨
정수리에 올라가는 저 코

저잘난코를뭉개버려야지한방갈겨야지인정사정없이깎아내려야지확비틀어떼버려야지

二   지렁이가 기어 오는 시간은 더디고 그사이 눈치 보던 코는

납작 죽고
  이런 피는 흘러내린다

  그녀의 번쩍대는 구두코를 내려다보는 이건 비굴한 자세 인가 반성문을 쓰다가

  도서관을 드나드는
코도 뒤집어 보면 호박씨가 숨어 있다

불안한 추천

당신은 당신을 크게 불고 있다
그는 그를 더 크게 불고 있다
나는 더더 크게 불고 있다
입이 터질 것이다

그는 그를 선물한다
나는 더더 선물한다
당신은 당신을 더 선물한다
우리는 곧 포장으로 갈 것이다

그는 그를 더더 믿는다
나를 더 믿는다
당신은 당신을 믿는다
우리는 곧 종교로 치달을 것이다

나는 나를 숨긴다
당신을 더더 숨긴다
그는 그를 더 숨긴다
우리는 곧 오디션에 붙게 될 것이다

나는 나를 더더 불면
곧 연설로 터져 나갈 것이다

당신은 나를 작게 불고 있다
그는 더 작게 불고 있다
나는 더더 작게 불고 있다
곧 주먹만 남을 것이다

우리는 껍데기로 조직을 부를 것이다

나는 당신을 밀어 준다
우리는 곧 롤러코스터에서 짜릿할 것이다

그는 당신을 숨긴다
우리는 곧 뭉쳐질 것이다

당신은 나를 분다
나는 더 분다
그는 당신을 더더 분다
우리는 바로 연루될 것이다

닭발

한국어 시간

압록강이나 두만강 말고
흑룡강성(省)에서 온 그녀
닭발 한 접시를 비닐장갑과 내놓는다

어쩌자고 그녀는 잡채보다 닭발 요리를 먼저 배워
먹어 보지 않은 음식 앞에서 잠시 주춤

뭔가를 움켜잡으려다 툭툭
손목 같은 발목을 오독오독 씹다가
매콤살벌한 이 속에 무엇을 감춰 뒀나 혀를 불어 가며
난데없이 울컥해져

하마터면 소주도 달라고 외칠 뻔했다

다섯 살 원이는 말을 잃어버렸다

네 시간씩 알바로 닭발을 만지다가
언어치료실을 오가며

근거 없는 화살이 날아와도
아이의 말만 기다리는데

아무도 보여 주지 않는
작고 여린 맨발 날마다 정성껏 닦으며

화끈한 발을 뜯다가
어디선가 들리는 병아리 울음소리

밤마다 흑룡강 거슬러 열어 둔
두 귀는 절대 젖지 못하고

아담과 루루

一

아담은 태국 엄마
루루는 프랑스 섬나라 아빠를 가지고 있어

우리는 각자의 말을 도무지 알아들을 수 없네

2개월 된 검은 아담은 사고뭉치 날쌔고 영리해
혼나면 내 무릎 위에서 호두 같은 두 손을 비비지

여섯 살 루루는 하얀 드레스를 뽐내며 여왕처럼 도도해
아빠와 그다지 사이가 좋지 않아
손등이 할퀴어진 아빠는
나쁜 루루라며 내게 고자질하네

아담과 루루는 여권이 다르고 동네와 취향이 달라
서로 만나 보기는 어려워
둘은 날 알고 셋은 말을 걸지 않아 많이 친하지는 않네

와사나는 예쁜 아기 대신 아담을 얻어 와 화가 날 땐
모국어를 쏘아 대고 다정할 땐 사랑해 혀가 미끄러져
나는 아담과 루루는 가르치지 않네

二

그들은 어떻게 인사할까 꼬리로 뺨을 폼나게 부비며
싸왓디캅
봉쥬르, 봉수와?

이국의 하루가 어떻게
가시처럼 저물어 가고 외롭게 밝아 오는지
묻고 또 묻고 싶지만

여전히 야옹이나 냐옹밖에 들리지 않는 나는

눈에 넣어도 아프지 않은 그들을
아담과 루루가 이웃들에게 알렸으면 좋겠네

가정통신문

一　아버지 때부터 전해 오는

　　독후감 제출이 아니라 천만다행
　　그래도 심사숙고
　　읽을수록 수메르 문자 같은
　　그럼에도 꼼꼼하게 의견을 표해야 하는
　　표현이 진심이어도
　　서명이 빠지면 쓸모없는 유언장 같은

　　학생을 함부로 자식처럼 돌보다
　　꼼꼼한 친절을 요구하면 서로 힘들어지는
　　책임을 주고받게 되는

　　의사당은 못 믿어도 운동장은 믿는
　　넘어지고 다쳐도 걱정할 게 없는

　　할아버지 때부터
　　정직 성실을 새겨 놓은

—　가정통신문을 펼쳐 놓고 오빠는 멸치 똥 여동생은

애기똥풀 아버지는 바나나라고 적는
바나나 껍질에 미끄러져도 유쾌하던 엄마가
노랗게 변하는
가정이 거무튀튀 상하는

강남은 따뜻한가요

—   걱정의 냄새가 발길질이었던 것 같기도 걱정의 냄새 같기도 해 깨
   볶는 시간 너도 뱃속에서 톡톡 차 봤니

   지옥 불에서 트램펄린 타는 기분 어때 고소해지는 이 기분은
   뭐지

   강북에서 강남까지 집은 너무 멀어 발톱이 빠지도록 걸어 갔는데
   아직이니

   "강남 엄마들이 임대아파트 아이들과 같이 공부할 수 없다며 교육청에 항의……"
   잠깐, 이 뉴스 듣는데 왜 네 귀를 찢어지게 틀어막고 있지

   작고 보드라운 귀가 왜요? 라고 물으면 할 말이 없거든 사실 집 장만도 못 한 내 찌질한 탓인가 비밀인데 둘째는 성냥갑 같은 저택을 지어 줄 거야 어때

—

차라리 내가 발길질하며 엎드릴까

강남 엄마들의 고귀한 사랑은
높고 넓은데

우린 오들오들

크라우드 펀딩

만두 먹는 중에 걸려 온 전화
원고료 넣을 계좌를 물어
고소한 만두소를 꿀꺽 삼키고
수화기를 입에 바싹대고는
전혀 마음에 없는 소리를 지껄인다
그냥 책으로 대신하겠다는······

그 속까지 훤히 아는 시인은
그럼에도 불구하고 그래서는 안 되는 것이라며
적지만 꼭 보내겠다는 고료
봉이 만두 2인분 나눠 먹으면
딱 좋을 금액

임에도 불구하고 단무지에 머리가 닿도록
절하는 것인데

시인보호구역에는 그래도 시인을
보호하겠다는 후원형 펀딩이 있어
만두도 먹고 책 한 권이 태어나게 되는 것

봉이 김 선달께서
그깟 바닷물 좀 팔았기로서니

*봉이 만두: 만두 가게 이름.
*시인보호구역: 시집 전문 서점.

이쑤시개가 슬프지 않다

―   바라본다

　맨발 맨 엉덩이 늘어난 맨 젖가슴이
　불룩한 배에 닿아 있다
　파묻은 얼굴 가시덤불이 등을 타고 내려가는

　백 년 전이나 이백 년 후에도 드레스는 다른 곳으로 배달되고
　벌거벗은 슬픔은 여전히 숨 쉬고 있다

　나는 슬픔 덕분에 죽을 일 없는데
　베르테르는 단숨에 갔다
　그렇다고 돌지도 않겠지만
　고흐는 서서히 미쳐 버리고 말았다

　그렇지만
　둘째 동생의 콩팥은 여태 못 찾아오고
　진통제를 삼켜도 신음이 가득 고인 서랍
　사방 벽은 못 참겠다는 헛소릴 쏟아 낸다

―

이승 아닌 병원에서 멀쩡한 생각을
달력 속에 넣고 엄마의
보금자리도 깃털처럼 날아가 버렸다

슬픔은 온전한 내 몫이 되지 않는다

흔하고 하찮아서 하수구가 막히지 않는
이쑤시개라면

식당 밖을 쑤시고 파는 데 열중하다 미련 없이 던지면
짓밟힌들
지렁이도 거들떠보지 않는

*슬픔: 빈센트 반 고흐 작품.

사이다

一 큰 재래시장 점포 언저리
꽉 차 있던 노점이 사라졌다
때 절은 앞치마를 두른 노파들 굽은 허리 접어 비질하며
좌판을 싹싹 지우고 있다

―머시 온다 안 캔나
―높은 놈이 온다쿠더마
―장사도 안 되는데 높은 놈은 말라 오능고
곤죽 같던 기분이 꼬들꼬들 화들짝
탁탁 터져

양손에 매달려 가던 검은 봉지 속
삼계탕거리 암탉이 푸들푸들
콩나물이
물미역이 헤죽거리고

별안간 쌍욕으로 의욕이 치솟는데
반말에 인간적으로 무시하는 족제비 같은 이 과장
퇴직금 안 주는 회사 구렁이
二 자꾸 혀만 날름거리는 국회의원까지

머릿속에서 딸려 나오는 노옴노옴
놈놈놈놈

와락 땡기는 이 식욕!

흑백 한식(寒食)

一 사람은 먼저 가고
해마다 불사르는 이름 죽지도 않아
향불 향해 박수와 축가를 부르던 아이들은
또 그런 아이를 낳았다
무덤 속 생일 알 일도 없고
시나브로 잊힐 산소 앞당겨 잊으려
한식날 모인 일가친척
아버지 묘보다 오래된
당숙 당숙모는 비석만큼 낯설어
호칭은 영원불멸이고
우리 사이 영원도 불멸도 아니다
문중 산은 잔칫집처럼 분주하며
와자지껄
불만이다가 벼르다가 이날에 기대
자연장(葬) 고하는 것이다
제물 앞에 조아린 두 손은
가장 간절한 것이 무엇일까
엇박자 내던 깍쟁이 아재도
막걸리 한 사발과 돼지 수육 앞에
― 술술 주머니 풀면 못마땅해 앙다무는 입술 있어

몰래 웃으며 사방 널린 쑥 캐러 내려간다
신장 투석으로 핼쑥한 얼굴
쭈그려 앉아 한 주먹 쑥을 뜯어다 주며
"누야, 그 사람하고 쑥 캐러 많이 다녔는데……"
무뚝뚝한 그가 뭐에 걸려 절로 나온 말이었다
뻐꾸기는 오월을 준비 중일 테고
어쩜 여기 다시 올 수 있을는지

2017년 5월 8일

어머니가 우리의 음흉함을 어찌 알겠어요
줄거리는 건너뛰고 등장인물만 알렸거든요
징검다리를 건너 잡은 날짜는
5월 5일이었구요
새벽부터 비가 내렸지만
우린 계획이 중요한 직장인들
주인공 의견은 누구도 묻지 않아요
사위가 짠 일정표는 다소 무리가 있었지만
통과, 지팡이가 언제 그 먼 곳을 구경 가겠어요
다 함께 모일 수가 있겠어요
이게 얼마 만이냐며 서로들 뿌듯해할 때
멀미를 견디고 화장실을 참아 내며
노인네는 실려 가고 있었죠
비가 살짝 그친 틈을 타
얼른 빨리 인증 샷
지팡이를 짚고도 파도에 넘어질 듯
휘청대는 시어머니를 향해
치즈를 물려요
우스꽝스러운 한 컷
그 섬에서만 맛볼 수 있다는

갑오징어 먹물 볶음도 우리가
정해요 입가에 짜장을 묻히며 맛나게 접시를
비우는 아이들을 흐뭇하게 쳐다보듯
반쯤 감긴 눈이었죠
튼튼한 갑오징어 한 점 넣고
틀니는 오래도록 오물거리는데
비는 질기게 내리고
정신없이 졸다 정신없이 깬
노인의 색 바랜 가방 안에 흰 봉투 하나씩 쑤셔 넣고
즐거운 하루였다고
오래 사시라고
앞당긴 축하 인사로 일정은 끝났지요
피곤했지만 숙제를 미리 한 모범생 기분이랄까
오늘은 꼬맹이들을 위한
어린이, 날이었어요

미쳐야 미친다

꼭두새벽에 깨어 연암 박지원을 보네
어젯밤엔 '홍대용과 그의 벗들'을 만나 무아몽중

무엇에 목마르고 간곡해 이 책을 사

미친 사람들이 둥근 냄비에서 낡은 장롱에서
툭툭 튀어나와
슬(瑟)을 타고 책을 들이켜고 국화 그림자로 시를 짓고
제대로 미치니 불사조로구나

드디어
마침내
미(及)쳤다!

용접공으로 입사한 어린 여자가 부당 해고되었다가
2022년 2월 25일 금요일
37년 만에 늦은 복직과 퇴직을 한날 동시에 하네

어떤 미련함이 35m 크레인에 오르고
서울까지 걸어서 가는가

온갖 색으로 생생한 꽃다발들이
아프고 야위어 주름 깊은 얼굴에 밀려나네

수십 년 깨지고 넘어지면서
천둥 번개에도 굴하지 않던 조그만 강철 사람

젖은 안경을 잡으며 투명한 눈물웃음이
눈, 부시네

여태 어떤 벽(癖), 치(痴) 증후 없고
죽을 일만 남은 것이 몹시 변변찮고 서러워서
맨정신이 더욱 가증스럽네

*미쳐야 미친다: 정민의 책 제목.
*홍대용과 그의 벗들: 정민의 『미쳐야 미친다』, p.195.

우리의 증거

ㅡ
　싹 돋은 감자의 기분이라도 늘어진 지렁이 날씨라도 책은 먹지요
　절벽을 오르다가도 집을 등지다가도 책은 냠냠 챙기지요
　상한 이를 하나 빼고 목 없는 고양이가 돌아다녀도 밥은 읽지요
　도서관이 떠내려가고 시장이 뛰어도 밥은 싹싹 바닥이 훤하도록 읽지요

　책을 먹고 밥을 읽는다고 비웃어 주세요
　움직이니까 대문을 걷어차고 자위를
　자위도 하거든요

　뒤로 걷는 사람이
　매번 흔들리고 보도블록과 날개 그을린 새들이 떨어지고
　앞을 보지 않으려 반발하고 거꾸로 걷는 이도 있겠지요

　무엇이든 언젠가는 끝나게 된다는 말은
　러시안룰렛인가요
　폭풍의 언덕인가요
ㅡ　울고 있는 사람에게 건네는 초콜릿인가요

짙은 눈썹 아래 푹 꺼진 눈두덩
초점 잃은 눈동자
눈 밑엔 까마귀를 숨긴 듯
소녀는 아니고 어른도 아닌
어깨가 두 발을 엉거주춤 옮겨 가는

그녀를 동네 산책길에서 만날 때마다
두 팔을 날개인 양 퍼덕이며 군인처럼 걸어가지요
우리는 내일도 마주치지요

*앞을 보지 않으려 반발하고: 얀 마텔의 『포르투갈의 높은 산』에서 인용.

happy new year

—

　생일 때마다 요구하는 선물은 세계의 방과 큰 가방 입술과 손가락이 닳도록 여전히 제자리인 건 한곳에만 고정된 머리통 때문인가 선물 선정의 문제인가

　전봇대 옆에 여행 가방 시차 적응이 안 되는 듯 멍청히 서 있다 얼룩지고 해진 갈색 외투에 손잡이는 덜렁덜렁 누군가와 말을 섞었는지 조금 벌어진 입 돌고 돌다가 서 있는 건 지구 때문인가 가치의 문제인가

　뼈 빠지게 일한 당신 그대로 멈춰라 구급차가 시끄럽기 전 말이다 '창문 넘어 도망친 100세 노인' 영화를 보고 달려와 지구 공을 차 버리고 망할 가방과 100세를 몽땅 쓰레기통에 처박았다

　망할 것들을 없애자 노심초사가 사라졌다 또 빌어먹을 신분과 동사무소를 불태우자 태극기가 자유롭게 펄럭였다 재가 되고 망한 것들이 눈치를 벗어나 모자와 선글라스가 지저귄다 둥근 것들이 안락의자를 배반하고 가뿐하게 새해를 사귀러 떠난다 한통속 한 패거리가 찰찰 굴러간다

—

여기저기 처음인 무지개 인사가 퍼져 나간다 금발의 환대와 키스가 주머니에 그득하다 가는 곳마다 웨딩드레스를 남기며 고양이 넥타이를 갈아 치우기에 지구 한 바퀴는 바쁘다 시간을 갈아 끼우기에도

새해 복 많이 받으세요!

해설

냉소와 명랑한 슬픔

구모룡(문학평론가)

1.

 시적 화자의 태도와 목소리가 도드라져 다가오는 시편들이 있다. 김효연의 『꽃과 숟가락』은 발화와 어법을 주목하게 하는 시집이다. 주지하듯이 이는 시인이 지닌 삶과 세계에 대한 관점을 반영하며 시적 지향을 해명하는 과정이 된다. 표제 시를 시집의 첫머리에 둔 의도를 감안하여 「꽃과 숟가락」을 먼저 읽어 보자.

 주먹만 한 저건 강렬(剛烈)한 주먹이 아니다. 주먹은 순간에 활짝 필 수 있다. 빨강 노랑 강렬(强烈)하게 오므리고 있는 저건 입이 아니다. 입이 벌어지면 금방이다. 밤새 말을 긷느라 입안이 다 헐어 거무튀튀 떨어진 입술은 튤립이 아니다. 주먹을 펴거나 입이 벌어질 때는 노래일까 울음일까. 숟가락만 한 저건 입이다. 목젖이 닳도록 꿀을 짜낸다. 입과 숟가락은 연인이다. 오슬오슬 조마조마 다투어 피어나는 새포름한 입, 잎들
  ―「꽃과 숟가락」 전문

정작 이 시편은 "꽃"을 노래하지 않고 "주먹"과 "입"을 말한다. 동일성의 은유를 의도하지 않기에 "밤새 말을 긷느라 입안이 다 헐어 거무튀튀 떨어진 입술"은 "꽃"이 아니다. 시적 화자는 "주먹을 펴거나 입이 벌어질 때는 노래일까 울음일까"라고 말한다. "주먹"과 "입"은 "노래"와 "울음"과 연관한다. 노래가 된 울음인가 울음이 된 노래인가? 여하튼 둘의 역장(力場)에서 김효연의 시가 피어난다. 이 시편에서 "입"은 "튤립"과 같은 "꽃"이 아니라 "숟가락"과 연결된다. "목젖이 닳도록 꿀을 짜"내는 관계는 꽃과 벌, 나비가 아니라 "입"과 "숟가락"이다. "오슬오슬 조마조마 다투어 피어나는 새포름한 입, 잎들"이라는 결구가 말하듯이 시적 생성이 "입"에서 비롯한다. 시인의 시적 지향은 "오슬오슬 조마조마"라는 의태어를 통하여 명랑의 포즈를 취하지만 겨우 "다투어 피어나는 새포름한" "잎들"의 세계에 힘겹게 당도할 따름이다. 그만큼 "숟가락"의 중력에 이끌리는 실존의 감각이 뚜렷하다. "꽃"으로 피어나지 않고 "숟가락"을 물어야 하는 "입"의 세계가 시적 지향을 형성한다.

2.

「꽃과 숟가락」이 말하듯이 김효연의 시는 쉽게 화해와 합치를 노래하지 않는다. 그만큼 삶과 세계에 관한 불만이 크다. 그녀는 현실을 구성하고 있는 비대칭성의 위계나 진정성 없는 관계에 예민하게 대응한다. 가족 내의 가부장제와 남성 중심 사회 그리고 부의 편중과 차별 등의 문제 인식으로 세계를 바라보는 태도가 냉소적이다. 냉소는 어떤 사태에 관하여 의심하고 회의하는 데서 비롯한다. 믿음과 진정성이 무너지고 제시된 삶의 목표나 가치에 도달할 수 없다는 회의적 생각을 지닌다. 이러한 냉소는 정서적 반응에 그치지 않으며 지적 태도에 가깝다. 가령 「소주병」은 의인화한 "소주병"을 화자로 내세워 고독하게 자기를 죽여 간 "그"를 이야기한다. 사물에 감정이입하거나 투사하는 방식과 다르게 시인은 화자의 시점과 태도에 개입한다. "그와 함께 지내다 보니 인간의 속성이 참 기이하고 당혹스럽다"라는 구절이 말하듯이 회의적인 인간상을 표출한다. "인정과 진심"을 꾸고 갚는 관계가 끊어지고 "마지막 그 고요를" 맞는 무관심의 형국이다. 이처럼 버려진 "소주병"의 시점으로 쓰레기처럼 사라지는 인간사를 뒤집어 볼 만치 시인은 지적 태도를 견지한다. 「상냥한 월말」은 "봉급날이 다가오자/목이 말라 팥빙수를" 시키지만 "하얀 눈 위에 팥이/피처럼 덮여" "우리의 숨통을 조여 오는 월말과/한 패거리 같아" 보인다. 삶의 곤경을 나타내는 부조리한 내면 풍경인데 시인은 이를 "상냥한 월말"이라는 표제로써 비튼다. 「상투를 올리자」가 "상투과자"를 먹는 일을 계기로 젠더의 위계를 상징하는 "상투"를 떠올리며 상투적인 세태와 사회의 "적"을 드러내고 있다면, 「꼬리 보호구역」은 은근하게 남근(phallus) 중심으로 기우는 현실 문화를 비판한다.

　　꼬리곰탕은 갈수록 비싸

쥐 꼬랑지는 멜랑꼴리해

세 살 기영은 남자 목욕탕 가서
사람들의 꼬리를 보고 깔깔 웃었다

사냥도 전쟁도 못 해 본 아빠는
가문을 지켰고
다른 종족을 맞이할 준비를
꼭꼭 숨어서 하고 있다

(꼬리 감춘 동물이 어디 살고 있을지 몰라)

어느 과학자가 꽁무니를 앞으로 돌려놓았을까

힘센 인간들이 세상 벙커에서 밀실에서
호시탐탐
지퍼를 내려 꼬리라며 자꾸 우긴다
왈왈 짖어 대는 저 소리에
지구가 갸우뚱
꼬리는
음흉하고 궁금해

—「꼬리 보호구역」 전문

「상투를 올리자」처럼 일상의 사물을 매개로 연상을 이어

가는데, 무의식의 자동기술과 다르고 다중 은유도 아니다. 의도한 주제를 따라 의미를 증강하는 지적인 방법이다. 무력한 가부장과 "힘센" 남성 지배의 현실을 "왈왈 짖어 대는 저 소리에/지구가 갸우뚱"한 상황으로 서술한다. 「용봉탕」과 「북어 사람」은 "한밤중에 18층을 덮친 해일"이나 "새벽에 그림자처럼 병원 지하로" 내려간 그로테스크에 가까운 가족 내 폭력 사건을 이야기하고 있다. 이처럼 시인은 일상의 이면을 드러내어 현실의 위악을 말한다. 「배틀」은 '와인 배틀'을 통하여 상승 지향의 삶을 비판하고 아래로 초월하는 가치를 말하고자 한다. 화자가 보이는 공격성은 "하이힐은 와인을 부추기고/와인은 코를 부추겨/정수리에 올라가는 저 코"를 겨냥하며 "저잘난코를뭉개버려야지한방갈겨야지인정사정없이깎아내려야지확비틀어떼버려야지"라고 말하는데 "지렁이가 기어 오는 시간"을 대비시켜 난폭하게 폭주하는 현실을 경계한다. 결구에서 "도서관을 드나드는/코도 뒤집어 보면 호박씨가 숨어 있다"라고 진술하면서 "배틀"의 의미를 비약한다. "코"로 상징되는 도처의 미시 권력을 의심하며 뒤집어 본다.

비판이든 풍자든 자기를 빼고 외부를 향할 때 설득력을 잃기 마련이다. 냉소적 태도도 주체를 소거한 채 대상을 향한 언어유희를 반복하지 않아야 한다. 「지역 뉴스」에서 "봐, 고개 올려 쳐다봐 높이 볼수록 뭐 죽는 게 별거라고" "국밥집 아주머니와 미장원 이모 치킨집 삼촌이 달려들어 내 머리카락을 쥐어뜯는다 해도 결코 별것은 아니야 그런 죽음은 그냥 흔해서 귀하지도 않으니까"라고 진술하면서 어차피 세상은 더 나아지지 않을 것이라고 체념할 수도 있다. 하지만 시적 화자는 눈먼 우연을 가장하여 "순간 허공에 걸린 현수막이 달려와 따귀를 철썩" 때리는 사건을 연출한다. 작고 "보잘것없는" 비통한 자들의 연대를 망각하지 않는다. "걱정의 냄새가 발길질이었던 것 같기도 격정의 냄새 같기도 해 깨/볶는 시간 너도 뱃속에서 톡톡 차 봤니"로 시작하는 「강남은 따뜻한가요」도 "걱정"과 "격정"의 언어유희(pun)를 도입하지만 곧 "지옥 불에서 트램펄린 타는 기분"이라는 고통의 자각으로 이어진다. 이러한 현실이 강남과 강북과 같은 중심과 주변의 격차에서 비롯함을 말하면서 여성의 임신과 육아와 가족 그리고 부의 형성에 내재한 사회적 모순을 "강남 엄마들의 고귀한 사랑은/높고 넓은데//우린 오들오들"이라는 표현으로 돌올하게 부각한다. "금융과 부동산의 조합"을 "로미오와 줄리엣"의 관계와 등치하여 세태를 풍자한 「나는 가정합니다」가 흥미로운 까닭은 몰락과 파국의 가능성을 알면서 환상의 "구름"과 "공중"을 좇는 공허한 욕망의 표출을 가정하고 있기 때문이다. 냉소의 태도가 명랑한 목소리로 잘 표출된 「비활성 폭탄」은 어느 정도 시인의 시적 발화를 통합하고 있는 듯하다. 이 시편은 자연현상인 "장마"와 일상의 생리현상인 "방귀"와 정치 현실에서 정치인의 행태가 서로 겹쳐지는 양상으로 "너무 웃어 사레까지 들다가 갑자기 얼음물을 뒤집어쓴 듯/입술이 파르르 떨리는" 현상을 유발한다. 냉소는 "장마는 끝이 보이고/국가적 재난들은 서로에게 떠넘기면서 계속 이어질 거라/불안하고 염려할 일은 딱히 터지지 않겠네요"라는 화자의 천연덕스런 태도에서 잘 드러난다. 하지만 "멍청하게 웃다가 등짝을 후려치며 마구 욕을" 할 수밖에 없는 현실이다. 이처럼 알면서 모르는 척하다 낭패를 겪는 표정을 짓는 시적 화자의 방식을 주목하지 않을 수 없다. 마치 블랙코미디와 같이 시인은 경쾌하고 익살스러운 연상으로 웃음을 이끌다가 돌연 현존의 자각으로 귀결하는 형식을 연출한다.

3.

김효연 시인의 어법은 은유나 이미지를 통하여 정제하거나 동일성을 얻으려 하지 않는다. 때론 직설에 가깝고 때론 유희적일 만치 요설을 품기도 한다. 명랑하고 쾌활한 느낌을 불러오기도 하지만 시적 기저는 기지의 앎에 대한 냉소와 세계와의 단절과 불화에서 비롯하는 슬픔을 내포한다. 이는 「이쑤시개가 슬프지 않다」라는 시편이 빈센트 반 고흐의 그림 「슬픔」을 환기하고 있는 사태와 연관할 수 있다. 시적 화자는 "맨발 맨 엉덩이 늘어난 맨 젖가슴이/불룩한 배에 닿아" 있고 "파묻은 얼굴 가시덤불이 등을 타고 내려가는" 그림 「슬픔」을 "바라본다". 그리고 "백 년 전이나 이백 년 후에도 드레스는 다른 곳으로 배달되고/벌거벗은 슬픔은 여전히 숨 쉬고 있다"라고 생각한다. 바로 삶에 내재하는 슬픔의 영속성에 관한 자각이다.

나는 슬픔 덕분에 죽을 일 없는데
베르테르는 단숨에 갔다
그렇다고 돌지도 않겠지만
고흐는 서서히 미쳐 버리고 말았다

그렇지만
둘째 동생의 콩팥은 여태 못 찾아오고
진통제를 삼켜도 신음이 가득 고인 서랍
사방 벽은 못 참겠다는 헛소릴 쏟아 낸다

이승 아닌 병원에서 멀쩡한 생각을
달력 속에 넣고 엄마의
보금자리도 깃털처럼 날아가 버렸다

슬픔은 온전한 내 몫이 되지 않는다

흔하고 하찮아서 하수구가 막히지 않는
이쑤시개라면

식당 밖을 쑤시고 파는 데 열중하다 미련 없이 던지면
짓밟힌들
지렁이도 거들떠보지 않는
　　　　　　　　　　—「이쑤시개가 슬프지 않다」 부분

그리고 슬픔으로 죽은 "베르테르"와 "서서히 미쳐" 버린 "고흐"를 떠올리며 경험적 장소인 가족에 내재한 사건을 환기한다. 신장병으로 고통을 겪는 "둘째 동생"과 이로써 생이 파탄 난 "엄마"를 이야기하면서 "온전한 내 몫이 되지 않는" "슬픔"을 생각한다. 혈육의 고통을 자기 것으로 만들 수 없는 인간의 조건으로 "나"는 "흔하고 하찮아서 하수구가 막히지 않는/이쑤시개"에 자기를 투사하는 자학을 감수한다. "신장 투석으로 핼쑥한 얼굴"을 한 동생 이야기는 「흑백 한식(寒食)」에 다시 등장한다. "호칭은 영원불멸이고/우리 사이 영원도 불멸도 아니다"라는 유한성의 자각이 뚜렷하다. 그만큼 인간의 조건은 고통과 슬픔이다. 세계를 향한 냉소의 표정 뒤에서 시인은 슬픔의 맨얼굴을 드러낸다. 하지만 "가정통신문을 펼쳐 놓고 오빠는 멸치 똥 여동생은/애기똥풀 아버지는 바나나라고 적는/바나나 껍질에 미끄러져도 유쾌하던 엄마가/노랗게 변하는/가정이 거무튀튀 상하는"이라고 「가정통신문」이 진술하듯이 발화가 명랑을 잃지 않는다. 이처럼 독특한 시적 변증법은 김효연의 시 세계를 견인하는 힘이다.

가족 이야기는 김효연의 시 세계에서 거듭 반복한다. 기억에 터를 둔 경험시의 양상으로 「메토이소노」, 「우리의 북두칠성」 등에서 나타난다. 특히 「메토이소노」는 「이쑤시개가 슬프지 않다」와 「흑백 한식」과 이어진다. 앞서 말한 동생의 죽음이 주요한 사건이다. "서른아홉에 홀로된 엄마는 다시 불구덩이를 안았습니다./밤과 낮을 태울 미친 불이 되기를 빌었습니다."라고 진술하고 있다. 표제가 지시하는 성화(聖化)의 내용은 다음과 같이 마지막 연으로 표출한다. "아들의 콩팥을 꺼내고 심장을 떼 주라고 했습니다./형제들은 모질고 독하다 했습니다./두 눈만은 남겨 둬야 자신을 알아볼 거라고…… 차마……/몇 날을 꼬박 우는 사이 엄마의 눈이 사라졌습니다./눈먼 어미를 알아볼까 봐 두 눈도 마저 주라고/기필코/거뜬히 살렸습니다." 한 죽음이 타자의 살림으로 이어진 귀결이다.「우리의 북두칠성」은 가족의 가난과 질곡이 객관적 상관물을 얻으면서 매우 곡진하게 표현된 시편이다.

유언이 먼저야
융자가 먼저야

함박스테이크가 예뻐
풀빵이 예뻐

돌림노래를 좋아했었지 서로의 꼬리를 붙잡으며
둥근 마음들이 건너가고 되돌아오고 놓치지
않으려고 기를 썼지 영원히 이어져도 좋았지

검은 태양이 돌고 사채가 따라 돌고
도마뱀이 되었으면 했는데

도는 것들의 끝을 교황님은 아실까
   융자 풀빵 같은 것을 끈덕지게 쥐고 있는 금고야
   가끔은 고해성사라도 들어다오

   풀빵 속에 떨리는 천남성을 심었다가 오늘은 설레며 엄마를 넣었지

   북두칠성을 누가 숨겼을까

   삼천팔백 일 구워서도 풀칠만 하는데
   어딘가 숨겨 두었을 치즈를 찾아

   곪을 대로 곪은 국자
   목구멍에 연둣빛 싹이 틀 때까지
   　　　　　　　　　　—「우리의 북두칠성」 전문

　시작은 예의 언어유희를 표방하지만 내포한 의미가 심각하다. 유년의 "돌림노래"나 "둥근 마음"은 "검은 태양이 돌고 사채가 따라" 도는 형국으로 바뀌고 만다. "도는 것들의 끝"은 어떠한 지경일까? "풀빵 속에 떨리는 천남성을" 심는 행위는 처절하다. "천남성"이 독을 품고 있기 때문이다. 대신 "엄마"와 더불어 십 년의 가난을 이겨 내고자 한다. "북두칠성"이라는 삶의 지향이 "곪을 대로 곪은 국자"로 남아 "목구멍에 연둣빛 싹이" 트는 사태에 이르는데 독을 품고서

의지적 삶으로 나아갈 수밖에 없다. "한마디로 엿 같은" 「나의 미성년」이 있는가 하면 「위대한 요플레」가 말하는 역설이 있다.

4.
　세계를 향한 냉소는 시인이 시적 과정에서 극복해야 할 과제이다. 그렇다고 냉소에서 비롯한 유희와 과장의 수사학을 멈추거나 시적 변증법을 중단할 까닭은 없다. 삶의 진정성과 믿음 그리고 희망을 구하는 일은 필연이다. "책을 먹고 밥을 읽는" 수행을 그치지 않을 것이기 때문이다(「우리의 증거」). 시집의 맨 마지막 시편인 「happy new year」는 "뼈 빠지게 일한 당신 그대로 멈춰라 구급차가 시끄럽기 전 말이다"라고 삶의 의미를 새긴다. 구속과 속박에서 자유의 탈주선을 만들려는 의지를 읽을 수 있게 한다. "글이 자라 공작이 되고/공작이 커서 나무가 된다면/그런 나무 있다면" 열고 닫는 반복 속에서 가능성의 지평이 개진하는 법이다(「애벌레가 두 번째」). 가령 「날아라 바퀴」는 휠체어를 탄 이들이 "댄스 경연"에서 춤을 추는 광경을 통하여 비약하는 생의 의미를 환기한다. 첫머리의 형태시는 결구에서 "굴리고 굴려서 하늘도 올라가는!"이라는 구절과 호응하며 김효연의 시에서 유난한 합치의 미학을 표출하고 있다. 이미 앞에서 언급한 바 있듯이 시인이 표출하는 아래로의 공감은 돌봄이나 사회적 약자와 소수자의 만남을 통하여 잘 나타난다. 「날아라 바퀴」처럼 냉소를 걷어 내고 민활하고 유쾌한 상호 교감에 이른다.

「잔인한 위로」, 「동상이몽」, 「안 씨 할머니」, 「비타500」 등은 돌봄의 경험과 연관하는 시편들이다. 「잔인한 위로」는 "이십여 년 주사와 알록달록 화분에 심고 싶던 알약들"과 함께하다 "세상 널린 게 이름인데 그걸 하나 줍지 못하고/훔치거나 빼앗지도 못했으면서" "23세" 나이의 "무연고자"로 생을 마친 "길바닥에서 태어난 그녀"를 애도한다. 「동상이몽」은 "마을금고"를 의심하고 불신하는 "노인"을 이야기하며 "금융은 서비스는 제공하지만 돌봄까진 곤란하다고/드러내놓진" 않는 제도와 현실 정치의 한계를 노정한다. 요양원 "안 씨 할머니"의 생애 마지막 삶의 풍경을 서술하고 있는 시편이 「안 씨 할머니」이다. "악기는 첼리스트를 보내야 한다/악보를 첼로가 놓칠 때//금 간 접시 표정이 읽힐 때 깊은 주름을 믿어야 한다//망상을 증명할 수 없을 때 꽃병을 떠나야 한다//자식이 부모 되고 가족을 버려야 한다//요양원이 죽지 않고 연명할 때 기저귀를 떼야 한다"라는 구절은 경험의 바탕 위에서 형성하는 아포리즘 모음에 가깝다. 그만큼 시적 화자가 대상의 삶에 '보이지 않는 가슴'으로 깊숙이 응대한 탓으로 다음과 같이 아름다운 시행으로 뿜어난다.

멀미를 누르며 꽃구경 오니 과연 꽃방이다
끝물이지만 매달려 있고 묶여 있다

어떤 날은 호박꽃이 보이고 어떤 날은 범벅이 보여

길을 쭉 펴서 되돌아갈 신발을 내주자 신나게 달려간다
　　산나리 핀 고향 엄마 방으로

　　먼지가 된 이름표는 너무 오래 걸고 있다

　　꽃길 들어설 때 환한 발걸음을 놓쳐선 안 된다

　　안 씨 할머니 두 다리가 푸드득 날았다
　　　　　　　　　　　　　　　　—「안 씨 할머니」 부분

　차가운 거리(distance)가 사라지고 따스한 공감이 피어나는 대목이다. 방 안에 갇혀 있던 꽃들이 길을 내어 피어나고 먼 유년의 "산나리 핀 고향 엄마 방"에 이른다. 마침내 "먼지가 된 이름표"를 걷어 내고 "푸드득" 상승하는 모습이다. 이처럼 김효연의 돌봄 시편은 대상의 삶을 속박하는 현실을 격절하면서 감정이입과 공감의 지평을 열어 놓는데 "병 치료를 일부러 안 하는 사람"을 이야기하고 있는 「비타500」에서 심각한 삶의 정황을 말하면서 웃음을 도출하는 시적 아이러니에 당도하기도 한다. 돌봄시의 다른 한편에 이주 여성에 관한 시편들이 있다. 「관계의 예의」, 「동생이 나타났다」, 「닭발」 등이다. 「관계의 예의」는 "지긋한 오빠"와 결혼하여 갖은 폭력에 시달리다 두 번에 걸쳐 베트남으로 갔다 "아픈 오빠"를 위해 돌아와 "자전거를 타고 고깃집에 설거지 알바"를 하는 여성의 이야기를 담고 있다. 한국인 남편의 폭력을 상징하는 "가위가 백합으로 피어나기를" 갈망하는 그녀의 마음이 돌올한데 정작 그녀가 "관계의 예의"를 지키기 때문이다. 「동생이 나타났다」에는 "석 달 동안 비닐하우스에서 깻잎만 따다가/눈에서 코에서 들깨 순이 파룻 돋아나/깻잎 이불은 다정하지 않고 이슬만 매달아/새 일자리 찾아가는 캄보디아 처녀"가 등장한다. "딸보다 어려 보이는/그녀 손바닥에 내 손을 포개면/금방 퍼런 물이 스밀 것 같은" 조응이 발현하는 "싱그럽다가 알싸하다가//내 어깨에 기대 점점/가슴으로 왼쪽 뺨을 갖다 대는 앳된 동생"이다. 서로 정동으로 스며들어 생의 의지를 교감하는 "밥 같은 그 말"의 풍경이 경이롭다. 「닭발」에서 "압록강이나 두만강 말고/흑룡강성(省)에서 온 그녀"는 말을 잃은 "다섯 살 원이"를 위하여 "네 시간씩 알바로 닭발을 만지다가/언어치료실을 오가며/근거 없는 화살이 날아와도/아이의 말만 기다리는" 여성이다. 시적 화자는 "그녀"를 만나면서 "화끈한 발을 뜯다가/어디선가 들리는 병아리 울음소리"를 듣는다. "밤마다 흑룡강 거슬러 열어 둔" "그녀"의 "두 귀"와 감응하는 몸의 표정이 선연하다.

5.

김효연의 시는 부조리한 세계를 냉소로 대응하지만 결코 현실을 회피하거나 좌절을 말하지 않는다. 권력의 폭력을 거부하고 여리고 약한 이들과 공감하며 소수자를 옹호한다. 그녀의 시적 변증법은 냉소의 태도를 냉소주의로 기울게 하지 않으며 슬픔을 절망의 나락으로 빠트리지 않는다. 존재의 울음을 웃음으로 상승하는 기운을 지녔다. 그만큼 의지적인데 「간극」처럼 여자의 울음이 종내 웃음으로 나타나며, 「비등점에 서다」의 경쾌한 활력과 「쿡, 쿡쿡」의 유쾌한 유머 그리고 「축, 합격」과 「종편」의 풍자도 같은 맥락을 지닌다. 실존의 감각인 슬픔을 명랑으로 끌어올린다. 그렇게 「사이다」처럼 위를 풍자하거나 공격하고 아래와 더불어 공생공락하는 욕동을 통하여 "별안간 쌍욕으로 의욕이 치솟는데/반말에 인간적으로 무시하는 족제비 같은 이 과장/퇴직금 안 주는 회사 구렁이/자꾸 혀만 날름거리는 국회의원까지//머릿속에서 딸려 나오는 노옴노옴/놈놈놈놈//와락 땡기는 이 식욕!"과 같은 시적 발화를 얻는다. 이처럼 김효연의 시는 밥과 일과 함께하면서 생의 명랑한 슬픔으로 피어나고 있다. "속이 꽉 찬 양털구름/더는 떠돌고 싶지 않아/하고 싶은 말이 너무 많아/비행접시 타고 몰래몰래 내려와/다 같이 터 잡고 벙글어/조잘대는/수다들"(「수국입니다」). 시인은 여전히 할 말이 많다. "놓치고 깨지는 박자와 리듬"을 거머잡아야 하는 단독자의 숙명이 있다(「이 모든 것은 금붕어」).